Vivre libéré !

Le Christ nous a rendus libres
pour que nous connaissions la vraie liberté.

Gal 5.1

Ce manuel est destiné à être utilisé dans le cadre d'un cours, d'un séminaire ou d'un groupe de travail accompagné par des formateurs qualifiés. Il s'agit d'un résumé et d'un outil de travail. Nous vous recommandons de participer à un cours (donc de ne pas simplement lire le fascicule), pour que vous puissiez bénéficier au mieux de ce matériel. Si vous cherchez un endroit où suivre le cours, n'hésitez pas à nous contacter à l'adresse ci-dessous.

Si vous cherchez une présentation plus developpée de la même matière, nous vous recommandons le livre du même auteur : « Living free – Recovering God's design for your life » (traduction en français à paraître)

Edité par :

© 2010 Campus pour Christ Suisse, 1ère édition française
Reproduction uniquement avec permission écrite de la part de :

Campus pour Christ
Avenue de Provence 4
1007 Lausanne
Tél. +41 (0)21 626 07 64
lausanne@cfc.ch
www.campuspourchrist.ch

Traduction : Manuel Rapold
Citations bibliques : La Bible du Semeur,
Texte copyright © 2000 Société Biblique Internationale
Images: fotoalia.com
Design: s-designment.net

Published by: Sycpub Global, LLC
www.livingsetfree.store
P.O. Box 158
Gig Harbor, WA 98335
USA
Email: info@sycamorecommission.org

ISBN: 979-8-9929987-1-9

Table des matières

Remerciements

Ayant écrit plusieurs livres, je suis convaincu que la page des remerciements est l'une des pages les plus importantes dans une publication. Le lecteur doit savoir qu'un manuel comme celui-ci est beaucoup plus qu'une compilation de vérités objectives. C'est le résultat d'un processus d'apprentissage qui a été vécu par une communauté – et dans ce cas-ci, d'une communauté qui n'a cessée de grandir alors que ce manuel et son contenu ont été diffusés à travers le monde. Cela a été un cheminement remarquable.

Beaucoup de personnes et d'églises ont cheminé avec nous et ont contribué à ce processus. Certains font partie des pionniers qui ont été avec nous alors que nous étions en train de découvrir ces vérités. D'autres sont des responsables de communautés qui ont utilisé ce matériel pour former les membres de leurs églises et qui nous ont donné de précieux conseils.

Parmi tous ceux-là, j'aimerais remercier particulièrement ceux qui ont fait partie de notre église alors que nous étions en train d'apprendre et d'appliquer ces vérités pour la première fois. Merci pour votre patience, votre désir d'apprendre et votre foi. Votre engagement a porté beaucoup de fruits pour le Royaume de Dieu, au-delà de ce que nous pouvions nous imaginer à l'époque.

Arlyn Lawrence s'est donnée sans compter pour ce projet. Je sais que son cœur est pleinement engagé pour que ces vérités soient connues. Elle a expérimenté pour elle-même la puissance de ces vérités qui ont transformé sa vie et celle de sa famille. Elle a retravaillé chaque aspect de ce projet, en les examinant avec la précision d'un horloger. Merci parce que tu as donné ton cœur et investi tes dons et tes compétences pour ce projet.

Pour la version française, j'aimerais remercier Manuel Rapold pour la traduction, Marc Hausmann et l'église dont il est le pasteur pour avoir organisé un cours pilote avec une version préliminaire de ce manuel, et Franck Jeanneret, Fabienne Weber, Christiane Poulin, Marie-Laure Jacot et Vincent Hirschi pour la relecture.

Mike Riches

Introduction

Au plus profond de nous-mêmes se trouve un autre « moi ». Caché au plus profond de nos cœurs, il y a toujours une personne dont le caractère représente tout ce que nous avons désiré être et bien plus encore. Cette personne est sans crainte ; elle est capable de traverser toutes les tempêtes de la vie. Cette personne est pleine de compassion et capable d'aimer tout le monde – même des personnes brisées, en passant par les grossières ou les révoltées. Cette personne est joyeuse et apporte vie et espoir dans chaque situation qu'elle rencontre. Sachant que notre monde a besoin de repères, elle prend courageusement position pour la vérité.

Cette personne à l'intérieur de nous-mêmes est notre MOI réel, celui qui représente l'intention de notre Créateur lorsqu'il nous a créés. Dans nos cœurs, nous aspirons à vivre ainsi. Mais parce que nous vivons dans un monde marqué par le péché – et donc marqué par la douleur, le rejet, l'abandon, la violence, l'injustice, l'abus, la déception, et l'intimidation – cette personne que Dieu a créée a été emprisonnée et corrompue. En étant confronté à l'oppression de la peur, la dépression, la colère et le deuil, notre véritable MOI a été rendu captif. Mais Jésus est venu pour libérer ce MOI véritable de toutes ces choses qui nous ont emprisonnés. Il est venu nous libérer afin que nous puissions vivre une vie de joie, de compassion, d'amour et de courage - une vie marquée par la présence et la puissance de Dieu.

La liberté se trouve au cœur de la vie et du message de Jésus-Christ, et de la mission de ceux qui le suivent. Voilà le sujet de ce cours. Il est conçu pour nous aider à identifier où, pourquoi et comment nous vivons dans des dépendances et la servitude plutôt que dans la liberté et l'espérance. Par la puissance de Christ, nous pouvons être affranchis de toutes ces captivités pour vivre dans la liberté qu'il a achetée pour nous. Jésus a dit : « Vous connaîtrez la vérité, et la vérité fera de vous des hommes libres. » (Jean 8.32). L'apôtre Paul l'a redit : « Le Christ nous a rendus libres pour que nous connaissions la vraie liberté. C'est pourquoi tenez bon et ne vous laissez pas réduire à nouveau en esclavage. » (Galates 5.1)

La liberté est donc le sujet de ce cours. Toutefois nous ne devons pas le considérer comme un cours, mais plutôt comme une expérience de vie qui nous équipera avec des notions et des capacités nécessaires pour vivre libres pour le reste de notre vie si nous sommes prêts à vivre pleinement selon les vérités bibliques que nous allons découvrir. Alors, que l'aventure commence!

Section I :
Créé avec une destinée

I. Le dessein originel de Dieu

Le dessein originel de Dieu pour nous est que nous puissions vivre éternellement avec lui, dans une unité et une communion parfaite – libres de soucis, de douleurs, de souffrances et de maladies. Il a prévu que nous puissions vivre sans tension relationnelle, cœur brisé, deuil ou vide existentiel. Nous avons été créés pour une vie pleine et épanouie, dans la joie et la paix, en contact avec Dieu.

A. Dieu nous a créés pour vivre dans une relation d'amour avec lui

Genèse 2.15 *L'Eternel Dieu prit l'homme et l'établit dans le jardin d'Eden pour le cultiver et le garder.*

Dieu nous a créés pour vivre avec lui dans le jardin d'Eden. Il a créé l'humanité et chaque personne pour vivre dans une relation intime avec le créateur de l'univers. Dans le jardin d'Eden, l'homme et la femme vivaient dans l'unité avec Dieu, et Dieu les entourait de son amour. Regardons les versets suivants qui parlent de l'amour de Dieu pour nous :

Esaïe 54.10 *Même si les montagnes se mettaient à bouger,*

> *même si les collines venaient à chanceler,*
> *mon amour envers toi ne bougera jamais;*
> *mon alliance de paix ne chancellera pas,»*
> *déclare l'Eternel, rempli de tendresse pour toi.*

Sophonie 3.17 *Car l'Eternel ton Dieu est au milieu de toi un guerrier qui te sauve.*

> *Il sera transporté de joie à ton sujet*
> *et il te renouvellera dans son amour pour toi.*
> *Oui, à cause de toi, il poussera des cris de joie,*
> *et il exultera*

Chaque personne est destinée à :
- aimer Dieu et d'être aimé par lui,
- aimer d'autres personnes et d'être aimé par elles,
- accomplir les tâches et la destinée pour lesquelles Dieu l'a créé,
- vivre une vie libre de honte et de culpabilité.

B. Dieu a une destinée pour nous

Genèse 2:15 *L'Eternel Dieu prit l'homme et l'établit dans le jardin d'Eden pour le cultiver et le garder.*

Dans Genèse 2.15 nous voyons que Dieu avait prévu une tâche et un but pour Adam : il était appelé à cultiver le jardin et à en prendre soin. Dieu a donné à Adam la responsabilité et l'autorité de s'assurer que le jardin (et par extension, le monde) soit bien soigné. Dans la Bible, nous trouvons de nombreux exemples de tâches précises que Dieu a confiées à certains individus. La Bible enseigne clairement que Dieu a des buts spécifiques pour la vie de chaque personne.

C. Dieu nous a créés pour que nous vivions libres

Genèse 2.25 *L'homme et sa femme étaient tous deux nus sans en éprouver aucune honte.*

Les êtres humains n'avaient pas été créés pour vivre dans la honte ou la condamnation. A l'origine, il n'y avait ni oppression ni domination dans le monde. Il n'y avait ni honte au sujet d'expériences personnelles, ni blessures dans les relations. Il n'y avait ni défaite ni opposition. Dans la création de Dieu, tous étaient libres, et tous étaient gagnants. Tel était le dessein de Dieu pour nous. Ce dessein s'exprimait de différentes manières ...

Amour inconditionnel	Intimité avec Dieu	Lumière
Vie	Joie	Paix
Importance	Sens de la vie	Sécurité
Autorité	Valeur	Intégrité

D. Est-ce que nous vivons selon le dessein originel de Dieu?

Si nous regardons d'une manière réaliste notre vie et le monde qui nous entoure, nous voyons un monde qui a mal tourné et qui ne correspond plus au dessein originel de Dieu. A tous les niveaux – individuel, familial, local, national, international – nous voyons la mort, des meurtres, des guerres et des désastres. Ce paysage est rempli d'abus, de négligences et de douleurs. Beaucoup de vies sont remplies de tristesse, de soucis, de vide et de peur.

Si nous sommes honnêtes, nous devons reconnaître que quelque chose a mal tourné dans nos vies, nos communautés, nos cultures et notre monde. La plupart d'entre nous admettent que dans plusieurs domaines de nos vies, nous sommes emprisonnés et liés par notre passé, nos peurs et nos circonstances. Où est le problème ? Que s'est-il passé avec le dessein originel de Dieu ?

Le dessein originel de Dieu [1]

Passivité

Soucis
Pitié de soi
Hésitation
Haine de soi
Manipulation
Victimisation
Obstination
Apathie
Plaire aux gens
Condamnation
Compliant
Destruction de soi
Honte
Echec
Retrait
Suicide
Indécision
Désespoir

Amour
Joie
Paix
Patience
Bonté
Bienveillance
Douceur
Maîtrise de soi
Intimité
Humilité
Passion
Espoir
Générosité
Confiance
Soumission
Considération des autres
Célébration
Santé
Créativité

Activisme

Hostilité
Supériorité
Concurrence
Domination
Dureté
Rigidité
Entêtement
Esprit de critique
Ambition
Autosuffisance
Abus
Meurtre
Présomption
Illusion
Recherche de l'attention
Envie
Jalousie
Jugement
Prétention
Arrogance

Briques dans les murs de la forteresse

Précieux
Protégé
Apprécié
Aimé
Estimé

Rébellion passive
(orgueil)

Rébellion agressive
(orgueil)

« Toute bénédiction spirituelle en Christ »   (Ephésiens 1.3)

Traits de personnalité (Réactions tordues par le péché)

Manque d'amour et fausses croyances – les fondements des « forteresses »

[1] Ce schéma est tiré du manuel „Transforming Life" (Vie transformée), de l'Eglise „St. Barnabas Church" à Kensington, Londres, reproduit avec leur autorisation.

E. Manque d'amour et fausses croyances – les fondements des « forteresses »

En tant qu'êtres humains, nous avons été créés pour nous développer sur un fondement d'amour et de vérité. Chaque fois que ces fondements manquent ou sont tordus, il en résulte des attitudes et des comportements qui s'éloignent de l'amour et de la vérité de Dieu. Quand ces attitudes et comportements sont devenus des habitudes enracinées, nous parlons de « forteresses ». Celles-ci deviennent des obstacles imbriqués dans nos personnalités qui résistent activement à la vérité qui pourrait nous libérer. En fin de compte, ces forteresses nous empêchent de vivre selon le plan de Dieu pour nos vies.

II. Qu'est-ce qui nous empêche de vivre selon le dessein originel de Dieu?

Genèse 3.1-13 *Les choses ont mal tourné !*

Pour l'humanité :
Adam a désobéi à Dieu. Par sa désobéissance, il a perdu le droit de vivre selon le dessein originel de Dieu qu'il avait reçu par naissance. Cela a eu un impact dramatique, non seulement sur Adam lui-même, mais sur chaque personne de chaque génération qui allait lui succéder.

Romains 5.12 *Par un seul homme, le péché est entré dans le monde et par le péché, la mort, et ainsi la mort a atteint tous les hommes parce que tous ont péché.*

Romains 5.12 *Nous montre que suite au péché d'Adam, chacun de nous a hérité d'une nature pécheresse. Le résultat est une vie caractérisée par le péché en dehors du dessein originel de Dieu.*

Orgueil	Ambition égocentrique	Arrogance
Haine	Trahison	Rébellion
Révolte	Tromperie	Mensonge
Convoitise	Mort	Meurtre

Pour la création :

Pour la plupart d'entre nous – en tout cas si nous provenons d'une culture occidentale – il est difficile de comprendre la connexion métaphysique et morale entre l'humanité et la création. La réalité est que, lorsqu'Adam a péché, une malédiction est venue non seulement sur l'humanité et toute culture humaine, mais aussi sur la création elle-même.

Romains 8.19-22 C'est en effet cette révélation des fils de Dieu que la création attend avec un ardent désir. Car la création a été soumise au pouvoir de la fragilité ; cela ne s'est pas produit de son gré, mais à cause de celui qui l'y a soumise. Il lui a toutefois donné une espérance : c'est que la création elle-même sera délivrée de la puissance de corruption qui l'asservit pour accéder à la liberté que les enfants de Dieu connaîtront dans la gloire. Nous le savons bien, en effet : jusqu'à présent la création tout entière est unie dans un profond gémissement et dans les douleurs d'un enfantement.

La Genèse décrit les conséquences du péché :

A. La séparation de Dieu

Nous avons tous été séparés de Dieu. Selon Esaïe 59.2 nos péchés mettent une séparation entre nous et Dieu. Les péchés que nous avons commis doivent être punis et la conséquence finale en est la mort. Cette mort prend plusieurs formes (physique, relationnelle, spirituelle) mais il s'agit en fin de compte d'une séparation de la vie de Dieu qui se trouve seulement dans la relation avec lui.

Genèse 3.23 *Alors l'Eternel Dieu le chassa du jardin d'Eden pour qu'il travaille le sol d'où il avait été tiré.*

La Bible nous dit que dans la présence de Dieu, il y a une joie parfaite. Nos péchés nous séparent de cette joie et de la présence de Dieu.

B. La perte de l'autorité sur Satan

Adam a été créé pour gouverner sur la terre (Genèse 1.28). Il a été créé à l'image de Dieu et a reçu l'autorité sur la création de Dieu. A cette époque, même Satan était sous l'autorité d'Adam. Mais Satan a convaincu Adam de se liguer avec lui contre Dieu, et en acceptant, Adam s'est soumis à Satan. Au travers de cela, Adam a donné à Satan les clés de l'autorité sur l'humanité et sur ce monde (Jean 12.31).

Psaume 8.5-7 *Je me dis: Qu'est-ce que l'homme, pour que tu en prennes soin,*
et qu'est-ce qu'un être humain pour qu'à lui tu t'intéresses?
Pourtant, tu l'as fait de peu inférieur à Dieu,
tu l'as couronné d'honneur et de gloire.
Tu lui donnes de régner sur les œuvres de tes mains.
Tu as tout mis sous ses pieds.

Jean 12.31 *C'est maintenant que va avoir lieu le jugement de ce monde. Oui, maintenant le dominateur de ce monde va être expulsé.*

C. Manque de sens et de but dans la vie

Nous avons vu en Genèse 2 qu'Adam a reçu de Dieu le mandat de prendre soin du jardin. Mais suite au péché, la vie d'Adam a perdu son sens et son but – il est poussière et il redeviendra poussière. Il est sous la malédiction d'un travail dur et futile.

Genèse 3.19 *Oui, tu en tireras ton pain à la sueur de ton front jusqu'à ce que tu retournes au sol dont tu as été tiré, car tu es poussière et tu retourneras à la poussière.*

D. Ruptures relationnelles

Le dessein original de Dieu pour nos relations avec les autres était qu'elles soient parmi les points forts de notre existence. Au lieu de cela, la discorde s'est installée entre hommes et femmes – maris et épouses se disputent le contrôle et se blâment mutuellement. Les relations entre frères et sœurs sont marquées par les disputes et la rivalité.

Genèse 3.12 *Adam répondit: C'est la femme que tu as placée auprès de moi qui m'a donné du fruit de cet arbre, et j'en ai mangé.*

Genèse 3.16 *Dieu dit à la femme: ... Ton désir se portera vers ton mari, mais lui te dominera.*

Genèse 4.8 *Mais Caïn dit à son frère Abel: Allons aux champs. Et lorsqu'ils furent dans les champs, Caïn se jeta sur son frère Abel et le tua.*

E. Douleurs et souffrances

Genèse 3.8-10 *Au moment de la brise du soir, ils entendirent l'Eternel Dieu parcourant le jardin. Alors l'homme et sa femme se cachèrent de l'Eternel Dieu parmi les arbres du jardin. Mais l'Eternel Dieu appela l'homme et lui demanda : Où es-tu ? Celui-ci répondit : Je t'ai entendu dans le jardin et j'ai eu peur, car je suis nu ; alors je me suis caché.*

Adam et Eve se sont cachés de Dieu parce qu'ils avaient peur. Là déjà, nous voyons les conséquences du péché. La peur et la honte sont entrées dans leur existence et ils ont commencé à fuir Dieu.

Dans Genèse 3.16-18, nous voyons l'apparition de la douleur et de la souffrance. La souffrance commence à faire partie de la vie et des relations. Les douleurs de l'accouchement, le travail pénible et le combat pour la survie n'étaient pas prévus dans le dessein original de Dieu.

F. Perte de la plénitude de la vie et de la santé

Le Royaume de Dieu est caractérisé par la vie et la santé. La maladie et la mort tirent leur origine du royaume de Satan. Le quatrième chapitre de la Genèse est rempli de meurtre et de mort – qui sont les conséquences du péché. Les choses ne devaient pas être ainsi. Ce n'était pas le plan de Dieu que nos vies soient remplies de douleurs, de souffrances, de brisements de cœur, de soucis, de maladies et de mort. Par exemple, nous pouvons nous imaginer que le dessein de Dieu pour l'accouchement était une joie complète. Mais à cause de la chute, il a été marqué par la douleur, sans parler des nombreuses femmes qui sont décédées en mettant leur enfant au monde.

Genèse 3.16 *Dieu dit à la femme : Je rendrai tes grossesses très pénibles, et tu mettras tes enfants au monde dans la souffrance.*

Genèse 4.8 *Mais Caïn dit à son frère Abel: Allons aux champs. Et lorsqu'ils furent dans les champs, Caïn se jeta sur son frère Abel et le tua.*

III. Comment trouver la liberté ?

Où et comment devons-nous commencer pour retrouver la liberté que Dieu désire pour nous ? Est-ce qu'il y a des paroles ou des prières précises à prononcer, ou des actes à accomplir ? Malheureusement, plusieurs systèmes religieux ont proposé la liberté spirituelle de cette manière-là. Mais en réalité, vivre libre commence avec une personne – Jésus-Christ.

Tout au long du Nouveau Testament, nous voyons que c'est uniquement au travers de Jésus-Christ que nous pouvons retrouver notre Père céleste. C'est uniquement au travers de lui que nous pouvons expérimenter une liberté véritable dans notre vie par la puissance et l'amour de Dieu – une liberté que Dieu a achetée pour nous au prix du sang de son fils.

Ephésiens 1.7 *En Christ, parce qu'il s'est offert en sacrifice, nous avons été délivrés et nous avons reçu le pardon de nos fautes.*

Notre situation de départ est que nous sommes perdus, et que le dessein de Dieu pour nous a été perdu. Mais cela ne correspond pas au cœur de Dieu. Dieu aimerait rétablir sa création et restaurer son dessein original.

A. Dieu a envoyé Jésus pour racheter notre liberté

Dieu lui-même a pourvu à ce que l'humanité puisse retrouver ce qui a été perdu en envoyant son fils Jésus-Christ sur terre pour mourir pour nos péchés et pour nous ramener à une relation avec lui.

1. La bonne nouvelle: Jésus m'aime tellement qu'il est mort pour mes péchés

Jean 3.16 *Oui, Dieu a tant aimé le monde qu'il a donné son Fils, son unique, pour que tous ceux qui placent leur confiance en lui échappent à la perdition et qu'ils aient la vie éternelle.*

Jean 10.10 *Le voleur vient seulement pour voler, pour tuer et pour détruire. Moi, je suis venu afin que les hommes aient la vie, une vie abondante.*

2. Nous devons recevoir Jésus-Christ comme notre Seigneur et Sauveur

Alors que Dieu a fait pour nous tout ce qui est nécessaire pour notre salut, il y a aussi une part que nous devons faire nous-mêmes. Nous devons participer au processus qui mène à la vie éternelle en croyant en Jésus. Alors que nous mettons notre foi en lui, nous recevons une nouvelle vie. C'est uniquement par cette porte d'entrée que nous pouvons commencer à marcher dans la liberté.

Jean 1.12-13 *Certains pourtant l'ont accueilli ; ils ont cru en lui. A tous ceux-là, il a accordé le privilège de devenir enfants de Dieu. Ce n'est pas par une naissance naturelle, ni sous l'impulsion d'un désir, ou encore par la volonté d'un homme, qu'ils le sont devenus ; mais c'est de Dieu qu'ils sont nés.*

B. Le salut est une restauration complète de notre vie

Quel était le but du ministère de Jésus?

Luc 19.10 *Car le Fils de l'homme est venu chercher et amener au salut ce qui était perdu.*

Lorsque nous recevons Jésus Christ comme notre Seigneur et Sauveur, nous recevons le salut, nous sommes alors « sauvés ». Mais qu'est-ce que ça veut dire ?

Nous gagnons une image plus complète de ce qu'est le salut en regardant les différentes significations du mot grec « sozo » qui est traduit par « sauver » en Luc 19.10. Ce mot nous communique une compréhension globale du salut qui inclut les aspects de la délivrance, la restauration, la protection, la préservation, la guérison et le rétablissement. Cela nous aide à mieux comprendre tout ce que Jésus voulait accomplir en venant nous « sauver ». Regardons cela plus en détail :

1. Restauration de notre relation avec Dieu

Romains 10.9 En effet, si de ta bouche, tu déclares que Jésus est Seigneur et si dans ton cœur, tu crois que Dieu l'a ressuscité des morts, tu seras sauvé.

Nous sommes réunis avec notre Créateur et nous recevons le privilège de vivre avec lui pour l'éternité. Nos péchés sont pardonnés, nous sommes restaurés en Jésus-Christ et nous retrouvons l'intimité avec Dieu.

2. Restauration de notre destinée

Ephésiens 2.10 *Ce que nous sommes, nous le devons à Dieu ; car par notre union avec le Christ, Jésus, Dieu nous a créés pour une vie riche d'œuvres bonnes qu'il a préparées à l'avance afin que nous les accomplissions.*

Le sens de notre vie est restauré ; nous réalisons que Dieu a une mission spécifique et importante pour chacun d'entre nous. Comme Dieu a créé Adam avec une mission spécifique, Dieu nous a aussi créés avec une idée précise de qui nous serons et de ce que nous aurons à accomplir. Par la puissance restauratrice de Dieu, nous retrouvons le privilège de collaborer avec Dieu dans son plan.

3. Délivrance de toute oppression démoniaque

Luc 8.36 *Ceux qui avaient assisté à la scène leur rapportèrent comment cet homme, qui était sous l'emprise des démons, avait été délivré.*

Jésus nous guérit de toutes les œuvres destructrices de l'ennemi dans nos vies. Il nous délivre de toute emprise démoniaque.

Jésus rétablit notre vie entière. Par sa puissance, nous pouvons être libérés de tout lien ou dépendance créés par le péché. Il nous libère des conséquences de nos blessures et expériences du passé, et il nous conduit dans une vie de liberté !

4. Restauration de notre corps physique

Marc 10.52 *Va, lui dit Jésus. Parce que tu as cru en moi, tu es guéri. Aussitôt, il recouvra la vue et suivit Jésus sur le chemin.*

La restauration que Jésus opère inclut la guérison physique. Dans le Nouveau Testament, nous voyons constamment comment Jésus a guéri physiquement les gens.

Le but de Jésus en nous sauvant est de restaurer notre être entier – esprit, âme et corps !

C. Le salut est à la fois immédiat et progressif

Hébreux 10.14 *Par une offrande unique, en effet, il a rendu parfaits pour toujours ceux qu'il purifie du péché.*

1. Comprendre les promesses du salut

Le salut biblique nous promet la libération de la sanction du péché, de la dépendance envers le péché et de la présence constante du péché dans notre vie.

Dieu nous voit déjà aujourd'hui comme étant pleinement rétablis !

2 Corinthiens 5.17 *Ainsi, celui qui est uni au Christ est une nouvelle créature : ce qui est ancien a disparu, voici : ce qui est nouveau est déjà là.*

2. Comprendre que quant à notre position, le salut est une œuvre accomplie et, quant à la pratique, c'est un processus.

La plénitude de Jésus-Christ est déposée en nous lorsque nous recevons le salut. Par la suite, son caractère marque de plus en plus notre vie avec une mesure croissante de justice, de sainteté et d'amour.

La vie chrétienne est le processus d'accéder progressivement à cette liberté. Nous avons la responsabilité de « mettre en œuvre » notre salut.

Philippiens 2.12 *Mes chers amis, vous avez toujours été obéissants : faites donc fructifier votre salut, avec crainte et respect, non seulement quand je suis présent, mais bien plus maintenant que je suis absent.*

IV. Restaurer ce qui a été perdu – vivre libéré

« Vivre libéré » implique de restaurer la vie telle qu'elle a été prévue à l'origine par Dieu – pour les individus, les communautés et les églises. Cela implique aussi de retrouver la capacité de vivre avec une juste notion de l'espoir, du sens de la vie, et de l'accomplissement de soi. Nous allons regarder comment vivre libéré dans les chapitres qui suivent. Mais voici déjà un résumé de ce que cela implique :

A. Libéré du rejet

Quand Adam et Eve ont choisi l'autorité de Satan, ils ont rejeté Dieu. La conséquence en a été la séparation d'avec Dieu et d'avec sa présence, marquée par la justice, la bonté et l'amour. Depuis ce moment-là, le rejet – et ses conséquences – est devenu une partie intégrante de l'existence humaine. Nos vies et nos relations sont imprégnées du rejet dans ses expressions les plus diverses.

« Vivre libéré », par contre, implique d'être réconcilié avec Dieu et d'être pleinement accepté par lui en Jésus Christ !

2 Corinthiens 5.18-19 *Tout cela est l'œuvre de Dieu, qui nous a réconciliés avec lui par le Christ et qui nous a confié le ministère de la réconciliation. En effet, Dieu était en Christ, réconciliant les hommes avec lui-même, sans tenir compte de leurs fautes, et il a fait de nous les dépositaires du message de la réconciliation.*

B. Libéré de la culpabilité, de la condamnation et de la honte

Une fois qu'Adam eut péché, il s'est caché de Dieu parce qu'il avait honte (Genèse 3.7). Lui et Eve ont expérimenté pour la première fois le sentiment de honte et ils se sont condamnés eux-mêmes. Sans une relation personnelle avec Jésus, nous vivons également avec les sentiments de culpabilité, de honte et de condamnation provoqués par le péché. Cela nous conduit souvent à des comportements destructeurs envers nous-mêmes et les autres.

« Vivre libéré » implique d'être pardonné, de vivre en paix avec Dieu et les autres et de vivre sans honte.

Romains 8.1 *Maintenant donc, il n'y a plus de condamnation pour ceux qui sont unis à Jésus-Christ.*

C. Libéré des peurs et des angoisses

Une autre conséquence du péché d'Adam et d'Eve est qu'ils ont expérimenté la peur (et son compagnon, l'angoisse) au lieu du bien-être, de la protection et de l'attention personnelle de Dieu qu'ils avaient connus jusque-là. Adam disait à Dieu qu'il avait peur de lui (Genèse 3.10), ce qui ne lui était jamais arrivé auparavant. Plus tard, Caïn (le fils d'Adam et d'Eve) a exprimé à Dieu son angoisse parce qu'il se sentait vulnérable et sans protection (Genèse 4.13-14). Cela non plus n'était encore jamais arrivé – c'était une conséquence du péché et cela a continué de marquer la vie humaine depuis lors.

L'intention de Dieu pour nous est que nous puissions vivre libérés de toute peur et anxiété.

« Vivre libéré » implique d'apprendre à vivre dans la paix, la confiance et la foi.

2 Timothée 1.7 *Dieu nous a donné un Esprit qui, loin de faire de nous des lâches, nous rend forts, aimants et réfléchis.*

D. Libéré de l'insignifiance et de la futilité

Une fois que nous sommes en Jésus-Christ, nous sommes remplis de sa gloire, nous portons son autorité, nous sommes sauvés et nous contribuons aux desseins éternels de Dieu. Nous sommes dotés d'une importance et d'une destinée éternelles.

« Vivre libéré » implique d'apprendre à vivre dans la vérité : selon la personne véritable que nous sommes en Christ et en vue de ses desseins éternels.

Colossiens 2.9-10 *Car c'est en lui, c'est dans son corps, qu'habite toute la plénitude de ce qui est en Dieu. Et par votre union avec lui, vous êtes pleinement comblés, car il est le chef de toute Autorité et de toute Puissance.*

E. Libéré de l'esclavage envers la maladie et la souffrance

La maladie, la souffrance et la mort ne font pas partie du dessein originel de Dieu pour l'humanité. Dieu peut les utiliser pour accomplir ses buts et objectifs glorieux dans nos vies. Mais la venue du Royaume de Dieu au travers de la vie, la mort et la résurrection de Jésus-Christ inclut la réalité de la guérison physique et la restauration de la dignité de la personne par la santé physique.

« Vivre libéré » implique d'apprendre à saisir et à appliquer l'autorité de Jésus sur la maladie et la souffrance.

Matthieu 8.16-17 *Le soir venu, on lui amena beaucoup de gens qui étaient sous l'emprise de démons : par sa parole, il chassa ces mauvais esprits. Il guérit aussi tous les malades. Ainsi se réalisait cette parole du prophète Esaïe : Il s'est lui-même chargé de nos infirmités et il a porté nos maladies.*

F. Libre du jugement de Dieu et de la peur de mourir

La mort est une autre conséquence de la désobéissance d'Adam et d'Eve. La mort a plusieurs dimensions – la mort spirituelle, la mort physique, la mort émotionnelle et la mort dans les relations. Le jugement final sur l'humanité déchue est d'être éternellement séparé de Dieu – c'est là la mort ultime. Sans la rédemption par Jésus-Christ, l'humanité continue à vivre dans l'ombre de la puissance de la mort et de la peur qu'elle engendre. Nous allons tous mourir physiquement (sauf si Jésus revient avant), mais le jugement et la peur de la mort sont vaincus en Jésus.

« Vivre libéré » implique d'être libéré du jugement et de la peur de la mort.

Hébreux 2.14-15 *Ainsi donc, puisque ces enfants sont unis par la chair et le sang, lui aussi, de la même façon, a partagé leur condition. Il l'a fait pour réduire à l'impuissance, par la mort, celui qui détenait le pouvoir de la mort, c'est-à-dire le diable, et pour délivrer tous ceux qui étaient réduits à l'esclavage leur vie durant par la peur de la mort.*

G. Libre de toute oppression par Satan

Jésus est venu pour détruire les œuvres du diable et pour lui ôter toute autorité et puissance sur l'humanité. Nous avons vu que lorsque Adam et Eve ont désobéi à Dieu et ont obéi à Satan, ils ont donné à Satan l'autorité et la domination sur eux. Mais quand Jésus est mort sur la croix et est ressuscité des morts, il a vaincu le péché et le pouvoir du péché de nous placer sous son jugement. Il a détruit l'autorité de Satan et l'a dépouillé de son pouvoir.

« Vivre libéré » implique d'apprendre à exercer l'autorité acquise par Jésus sur Satan et sur tout son pouvoir dans nos vies.

Colossiens 2.13-15 *Dieu vous a donné la vie avec le Christ. Il nous a pardonné toutes nos fautes. (...) il a désarmé toute Autorité, tout Pouvoir, les donnant publiquement en spectacle quand il les a traînés dans son cortège triomphal après sa victoire à la croix.*
1 Jean 3.8 *Le Fils de Dieu est précisément apparu pour détruire les œuvres du diable.*

V. La responsabilité humaine

A. La coopération humaine-divine

Le don de la liberté est l'œuvre de Dieu; il ne dépend que de lui et ne peut être accompli que par lui. Nous n'avons pas la capacité d'être juste comme Dieu est juste, mais nous avons néanmoins une responsabilité dans le processus du salut.

Il s'agit de ce qu'on pourrait appeler la « collaboration divine-humaine »: *une œuvre que seul Dieu peut faire est initiée lorsqu'une personne exerce sa responsabilité donnée par Dieu.* Le salut en est un exemple: il est une œuvre qui ne peut être faite que par Dieu, mais pour qu'elle puisse faire son effet en nous, nous devons assumer notre part de responsabilité. C'est ce qui est décrit en Jean 1.12 : « Mais à tous ceux qui l'ont reçue [la Parole de Dieu], à ceux qui croient en son nom, elle a donné le pouvoir de devenir enfants de Dieu. »

B. Les transactions spirituelles

1 Corinthiens 4.20 *Car le règne de Dieu ne consiste pas en paroles, mais en puissance.*

Jésus a accompli le travail nécessaire pour notre pardon à la croix. Quand nous recevons Jésus comme notre Seigneur et Sauveur en priant pour lui demander notre salut, une transaction se passe dans le monde spirituel. Cette transaction a des répercussions importantes. Nous commençons à ressentir que nous sommes portés et conduits par une puissance supérieure que nous ne connaissions pas auparavant. Si nous continuons à marcher dans l'obéissance, cette expérience continue aussi. Pour que nous puissions continuer à vivre selon le dessein originel de Dieu et dans sa liberté, nous devons être conscients que :

❏ Nous ne pouvons pas obtenir la liberté simplement par la pensée positive.

❏ Nous ne pouvons pas non plus la mériter.

❏ Nous ne pouvons pas forcer un changement durable par un acte de notre volonté.

❏ Les liens qui nous emprisonnent ne partiront pas si nous prétendons simplement qu'ils n'existent pas.

Nous avons besoin d'une transaction spirituelle, en puissance et pas seulement en paroles !

VI. Comprendre les transactions spirituelles

Dans la vie quotidienne, des transactions dans les affaires sont effectuées par la signature d'un contrat et attestées par un notaire. Un titre de propriété ou une somme d'argent est transférée et cette transaction est certifiée par une autorité qui la cautionne. De même, au niveau spirituel, lorsqu'un disciple de Jésus prend une décision pour la vérité et fait une déclaration de foi, cette déclaration est certifiée par l'autorité suprême dans l'univers. La transaction spirituelle est effectuée – c'est accompli ! Cette transaction dans le monde spirituel a un impact dans le monde physique et naturel.

Voici les composantes d'une transaction spirituelle :
- Se mettre en accord avec la vérité de Dieu
- Se soumettre à cette vérité
- Faire une déclaration de foi
- Comprendre que cette déclaration est soutenue par la souveraineté de Dieu
- Reconnaître qu'une transaction spirituelle a eu lieu et que la puissance de Dieu a été libérée de manière réelle.

A. Recevoir le salut – la transaction spirituelle initiale

La bonne nouvelle est que l'histoire ne s'arrête pas avec ce que l'humanité et toute la création ont perdu lors de la chute. Jésus Christ a annoncé qu'il est venu pour « chercher et sauver ce qui était perdu ». (Luc 19.10) Notons que le texte dit que Jésus est venu chercher et sauver (rétablir, restaurer) ce qui est perdu et non seulement ceux qui sont perdus. Jésus est venu restaurer toute chose en commençant par la relation de l'humanité avec Dieu, mais au-delà de cela, tout ce qui a été perdu au travers du péché d'Adam.

Partout où Satan a cherché à détruire, corrompre et réduire à l'esclavage, Jésus – à travers sa vie et son ministère – a cherché à rétablir la plénitude, l'intégrité et la liberté. Cette restauration sera finalement achevée au ciel, mais notre vie libérée commence certainement au moment où nous recevons le salut. (Colossiens 2.13-15)

La transaction spirituelle du salut est initiée lorsqu'une personne reconnaît les vérités suivantes et y répond :

1. Dieu est juste et saint – et nous ne le sommes pas

Nous devons d'abord reconnaître que Dieu est saint et juste et que nous n'avons pas mené nos vies en accord avec sa justice. Bien au contraire, nous avons tous péché contre Dieu en le rejetant, lui, ainsi que sa vérité. Dieu est juste et doit donc réagir contre le péché selon sa justice. Cela nous place sous le jugement de Dieu, ce qui implique d'être séparés de Dieu et de nous retrouver dans un lieu de tourments pour l'éternité.

Romains 3.10-12 *L'Ecriture le dit : Il n'y a pas de juste, pas même un seul, pas d'homme capable de comprendre, pas un qui cherche Dieu. Ils se sont tous égarés, ils se sont corrompus tous ensemble. Il n'y en a pas qui fasse le bien, non, pas même un seul.*

2. Dieu est amour et il a envoyé son fils pour payer pour nos péchés

Deuxièmement, nous devons personnellement recevoir la vérité que Dieu est un Dieu dont l'amour est infini. Dans son grand amour pour nous, il a envoyé son fils Jésus-Christ sur terre pour vivre une vie sans péché. Ensuite il est mort sur la croix, lui qui était juste et innocent de tout péché. Il a fait cela pour payer le prix et porter la punition pour le péché de l'humanité contre Dieu, pour que Dieu puisse pardonner à juste titre tout homme, femme et enfant qui le recevra. En ressuscitant des morts, Jésus a démontré qu'il a vaincu Satan, le péché et la mort et que la justice de Dieu a ainsi été satisfaite.

Tite 3.3-5 Car *il fut un temps où nous-mêmes, nous vivions en insensés, dans la révolte contre Dieu, égarés, esclaves de toutes sortes de passions et de plaisirs. Nos jours s'écoulaient dans la méchanceté et dans l'envie, nous étions haïssables et nous nous haïssions les uns les autres. Mais quand Dieu notre Sauveur a révélé sa bonté et son amour pour les hommes, il nous a sauvés. S'il l'a fait, ce n'est pas parce que nous avons accompli des actes conformes à ce qui est juste. Non. Il nous a sauvés parce qu'il a eu pitié de nous, en nous faisant passer par le bain purificateur de la nouvelle naissance, c'est-à-dire en nous renouvelant par le Saint-Esprit.*

3. Nous recevons une nouvelle vie par grâce, lorsque nous croyons et confessons notre foi

Troisièmement, nous devons croire et confesser notre foi. Notre foi doit déterminer les décisions de notre volonté et les déclarations de notre bouche. Si nous croyons aux vérités bibliques décrites ici, nous devons les confirmer pour nous-mêmes dans la prière. Si nous faisons cela, nous sommes sauvés, nos péchés sont pardonnés et nous pourrons passer l'éternité avec Dieu. Nous pouvons alors expérimenter la liberté, l'amour et la puissance de Dieu dans notre vie.

Romains 10.9-10 *En effet, si de ta bouche, tu déclares que Jésus est Seigneur et si dans ton cœur, tu crois que Dieu l'a ressuscité des morts, tu seras sauvé, car celui qui croit dans son cœur, Dieu le déclare juste ; celui qui affirme de sa bouche, Dieu le sauve.*

Romains 10.13 *Tous ceux qui feront appel au Seigneur seront sauvés.*

4. Nous recevons la justice et la vie de Jésus

Quatrièmement, nous échangeons alors notre péché contre la justice de Jésus. Quand Dieu nous regarde, il ne voit plus notre péché, mais la justice de son fils. Cela est possible parce que Jésus, dont la nature et la vie étaient justes, a accepté de porter la punition et de payer le prix pour le péché de l'humanité. C'est pour cela que, dans la transaction spirituelle du salut, par un acte de foi, nous pouvons échanger nos péchés contre la justice de Jésus.

2 Corinthiens 5.21 *Celui qui était innocent de tout péché, Dieu l'a condamné comme un pécheur à notre place pour que, dans l'union avec le Christ, nous soyons justes aux yeux de Dieu. »*

Est-ce que vous avez consciemment reçu ces vérités bibliques pour vous personnellement? Est-ce que vous avez déjà fait l'expérience du salut par Jésus-Christ qui brise les chaînes de la mort spirituelle? Si ce n'est pas le cas, pourquoi ne pas le faire maintenant?

Vous pouvez prier pour recevoir la liberté maintenant, en respectant les étapes suivantes:

1. Admettez que vous vivez sous la domination du péché, que vous êtes séparé de Dieu et que vous êtes incapable de vous sauver vous-même.
2. Confessez votre péché devant Dieu et demander son pardon.
3. Croyez que Jésus a payé la punition pour votre péché par sa mort à la croix et sa résurrection, et qu'il a obtenu la vie éternelle et la liberté pour vous.
4. Recevez le pardon de Dieu et la liberté par la foi et commencez à vivre en conséquence, en vous engageant à laisser Jésus diriger votre vie et à lui obéir.

Ephésiens 2.4-5 *En lui, bien avant de poser les fondations du monde, il nous avait choisis pour que nous soyons saints et sans reproche devant lui. Puisqu'il nous a aimés, il nous a destinés d'avance à être ses enfants qu'il voulait adopter par Jésus-Christ. Voilà ce que, dans sa bonté, il a voulu pour nous.*

Si vous désirez être un enfant de Dieu, rétabli au dessein originel de Dieu par la foi en Jésus-Christ, vous pouvez prier la prière suivante avec authenticité et conviction:

Père céleste, je crois que tu es parfaitement juste et saint, et j'aimerais être juste à tes yeux. Je sais et je confesse que je suis un pécheur / une pécheresse et que je n'arrive pas à vivre selon ta justice. Je crois aussi que tu es un Dieu d'amour et que tu as envoyé ton fils Jésus-Christ mourir pour porter la punition pour mon péché. Je crois que Jésus-Christ est véritablement et pleinement Dieu et qu'il a vécu sur terre en étant véritable-ment et pleinement humain. Je crois qu'il a vécu une vie sainte absolument sans péché. Je crois que Jésus est mort sur la croix pour payer pour mes péchés et qu'il est ressuscité des morts, démontrant ainsi qu'il a vaincu le péché et la mort et qu'il a annulé le jugement contre mon péché. Par la foi en ta grâce je te prie de pardonner mon péché, de me recevoir comme ton enfant, de m'accorder la justice de Jésus-Christ et de rétablir ma relation avec toi. Je reçois ton pardon et je déclare que je veux vivre en cherchant constamment à me détourner du péché et à t'obéir joyeusement en tant que mon Sauveur et maître de ma vie. Amen

B. D'autres transactions spirituelles par la suite

La transaction spirituelle fondamentale dans la vie chrétienne se passe lorsqu'une personne reçoit Jésus-Christ en tant que Seigneur et Sauveur. Basé sur la vérité de Dieu, des paroles de foi sont exprimées. Une prière est faite avec la conviction du cœur et une transaction a lieu qui est scellée par la puissance de Dieu (Romains 10.9). Nous en voyons les résultats dans une vie transformée dans le quotidien (2 Corinthiens 5.17 ; Galates 2.20).

Par contre, il ne s'agit pas de la dernière transaction spirituelle que nous allons vivre ! Nous allons en vivre d'autres chaque fois que nous entrons dans une collaboration divine-humaine par la prière. Cela se passe par exemple à chaque prière de repentance – là aussi, il s'agit d'une transaction dans le monde spirituel qui a des répercussions dans le monde naturel. Dans ces transactions, Dieu répond à notre action en faisant ce que lui seul peut faire.

VII. Accéder à la liberté

Il y a plusieurs vérités qui sont stratégiques pour nous permettre de vivre libéré, c'est-à-dire de marcher dans la puissance et la plénitude que Dieu a prévues pour nous. Nous allons parler de ces vérités dans les chapitres qui suivent, mais nous allons commencer en regardant une vérité spécifique qui nous aidera à débuter sur ce cheminement : la liberté que l'on trouve au travers de la repentance.

A. Comprendre et vivre la repentance

1. La repentance, c'est se détourner de ses péchés

Marc 1.14-15 *Lorsque Jean eut été arrêté, Jésus se rendit en Galilée. Il y prêcha la Bonne Nouvelle qui vient de Dieu. Il disait : Le temps est accompli. Le règne de Dieu est proche. Changez et croyez à la Bonne Nouvelle.*

Actes 3.19-20 *Maintenant donc, changez et tournez-vous vers Dieu pour qu'il efface vos péchés. Alors le Seigneur vous accordera des temps de repos, et il vous enverra celui qu'il vous a destiné comme Messie : Jésus.*

2. S'arrêter, faire demi-tour, et repartir dans la direction inverse

Se repentir veut dire...
a) reconnaître nos péchés et les confesser

1 Corinthiens 15.34 *Revenez une fois pour toutes à votre bon sens, et ne péchez pas !*

1 Jean 1.9 *Si nous reconnaissons nos péchés, il est fidèle et juste et, par conséquent, il nous pardonnera nos péchés et nous purifiera de tout le mal que nous avons commis.*

b) renouveler notre pensée au travers de la vérité

Romains 12.2 *Ne vous laissez pas modeler par le monde actuel, mais laissez-vous transformer par le renouvellement de votre pensée, pour pouvoir discerner la volonté de Dieu : ce qui est bon, ce qui lui plaît, ce qui est parfait.*

c) nous détourner de nos péchés

2 Timothée 2.19 *Qu'il se détourne du mal, celui qui affirme qu'il appartient au Seigneur.*

d) commencer à agir dans le sens opposé.

Ephésiens 4.28 *Que le voleur cesse de dérober ; qu'il se donne plutôt de la peine et travaille honnêtement de ses mains pour qu'il ait de quoi secourir ceux qui sont dans le besoin.*

B. La repentance dans la prière

La démarche de prière que nous vous proposons résume ces principes dans ce que nous appelons les « 4 R ». C'est une manière simple et pratique de retenir ces principes.

Voici donc les 4 R en résumé (la description plus détaillée commence à la page 45-46) :

1. Reconnaître:
Reconnaissez que vous avez péché, confessez votre péché et recevez le pardon de Dieu.

2. Résister:
Résistez à toute influence démoniaque et renoncez aux mensonges qui s'opposent à la vérité de Dieu.

3. Remplacer:
Remplacez ces mensonges par la vérité et vos péchés par ce qui est juste aux yeux de Dieu. Renouvelez votre pensée par la vérité.

4. Recevoir:
Recevez la plénitude du Saint-Esprit et réjouissez-vous !

Notons ce que la repentance n'est pas :
- Ce n'est pas un exercice de « développement personnel »
- Ce n'est pas du légalisme religieux
- Ce n'est pas juste espérer que les choses changent
- Ce n'est pas la pensée positive
- Ce n'est pas un effort humain
- Ce n'est pas simplement un acte de volonté

C. Un style de vie basé sur la repentance

**Après tout cela,
comment pouvons-nous aller plus loin ?**

Voici des points essentiels que nous devons comprendre :

- En Christ nous sommes pardonnés, acceptés et protégés – c'est cela le fondement de nos vies.
- Notre relation avec Dieu est basée sur la grâce.
- Nous répondons au Saint-Esprit qui nous convainc, et pas à l'accusation.
- En prenant conscience de notre péché, nous pouvons être tentés de nous éloigner de Dieu. Ce n'est pas nécessaire : son pardon est immédiat et complet !

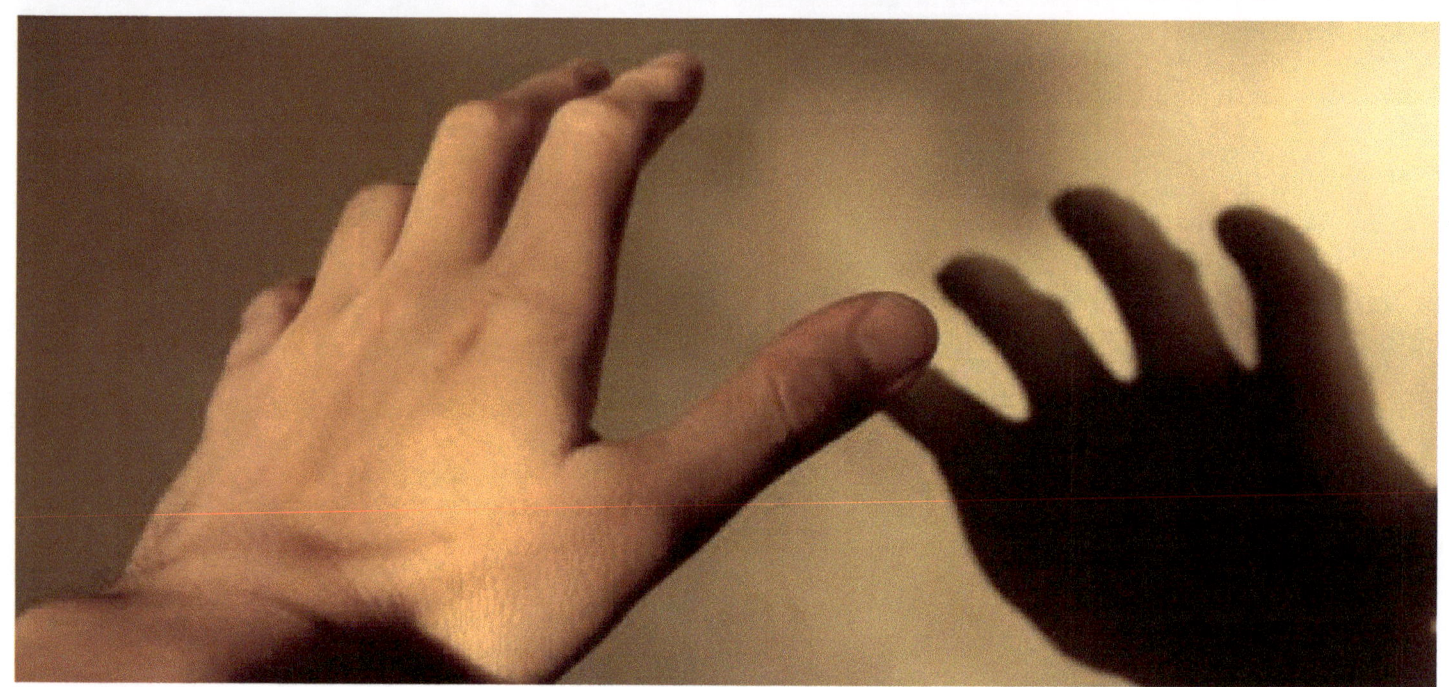

Section II :
Un monde – deux sphères

I. Notre monde comprend deux sphères

La Bible nous enseigne que le monde dans lequel nous vivons comprend deux sphères, dont l'une est physique et l'autre est spirituelle. L'apôtre Paul écrit : « Orientez-vous d'après les choses d'en-haut, les réalités spirituelles. Que vos pensées soient imprégnées des réalités célestes et spirituelles et non seulement terrestres. » (Traduction libre de Colossiens 3.1-2) Dans le domaine physique, nous pouvons nous orienter avec l'aide de nos cinq sens : nous voyons avec nos yeux, nous écoutons avec nos oreilles, nous sentons avec notre nez, nous goûtons avec notre bouche, et nous touchons avec notre peau. Dans la sphère spirituelle par contre, ces cinq sens ne nous aident pas beaucoup. En résumé, la sphère naturelle est visible, tandis que la sphère spirituelle est invisible.

Néanmoins, le fait que la sphère spirituelle ne soit pas visible à l'œil nu ne la rend pas moins réelle. Bien que ces deux sphères soient distinctes, elles opèrent néanmoins simultanément dans nos vies. Comment cela est-il possible ? Il y a plusieurs récits bibliques qui illustrent la réalité des deux sphères, mais il y en a peu qui le font aussi clairement et succinctement que celui de Job.

A. Le monde de Job s'effondre

Job 1.13-19 *Or, un jour, les fils et les filles de Job s'étaient mis à manger et à boire du vin ensemble chez leur frère aîné. C'est alors qu'un messager vint trouver Job et lui annonça : Les bœufs étaient en train de labourer, et les ânesses paissaient à leurs côtés, quand les Sabéens se sont jetés sur eux, et s'en sont emparés. Ils ont massacré tes serviteurs. Je suis le seul qui ait pu leur échapper et je viens t'annoncer la nouvelle. Il n'avait pas fini de parler qu'un autre messager arriva et annonça : La foudre est tombée du ciel, et elle a foudroyé tes brebis et tes serviteurs. Elle a tout consumé. Je suis le seul qui ait pu y échapper et je viens t'annoncer la nouvelle. Il parlait encore, lorsqu'un autre messager arriva et annonça : Trois bandes de Chaldéens se sont jetées sur les chameaux, et s'en sont emparés. Ils ont massacré tes serviteurs. Je suis le seul qui ait pu leur échapper et je viens t'annoncer la nouvelle. Il parlait encore, lorsqu'un autre messager arriva et annonça : Tes fils et tes filles étaient en train de manger et de boire du vin ensemble chez leur frère aîné, lorsqu'un vent très violent s'est levé du côté du désert. Il s'est rué contre les quatre coins de la maison qui s'est effondrée sur tes enfants. Ils sont tous morts. Je suis le seul qui ait pu m'échapper et je viens t'annoncer la nouvelle.*

Job 2.7-10 *Job (...fut affligé par) une douloureuse maladie de peau qui s'étendit de la plante des pieds jusqu'au crâne. Job prit un morceau de poterie pour se gratter, et resta assis au milieu de la cendre. Sa femme lui dit : Tu persévères toujours dans ton intégrité ! Maudis donc Dieu et meurs ! Mais il lui répondit : Tu parles comme une insensée. Quoi ! Nous recevrions de Dieu le bonheur, et nous ne recevrions pas aussi le malheur ! Au milieu de tous ces malheurs, Job ne commit pas de péché dans tout ce qu'il dit.*

Notons la manière dont les malheurs de Job ont des conséquences multiples sur sa vie:

- Ses troupeaux et ses serviteurs ont été soit tués par des peuples voisins soit frappés par la foudre. De cette manière, Job perd tout son revenu.
- Ses enfants ont été tués par une calamité naturelle, et son couple était proche de la rupture.
- Il a perdu sa santé.

B. Un regard derrière les coulisses

Job 1.6-12 *Or, un jour, les anges de Dieu se rendirent au conseil de l'Eternel. Satan (l'Accusateur) vint aussi parmi eux. L'Eternel dit à Satan : D'où viens-tu donc ? Celui-ci lui répondit : Je viens de parcourir la terre et de la sillonner. Alors l'Eternel demanda à Satan : As-tu remarqué mon serviteur Job ? Il n'y a personne comme lui sur la terre : c'est un homme intègre et droit, un homme qui révère Dieu et qui évite de mal faire. Satan lui répondit : Est-ce vraiment pour rien que Job révère Dieu ? N'as-tu pas élevé comme un rempart de protection autour de lui, autour de sa maison, et autour de tous ses biens ? Tu as fait réussir ses entreprises : ses troupeaux se sont multipliés dans le pays ! Mais porte donc la main sur ses biens et sur les siens, et l'on verra s'il ne te maudit pas en face. Alors l'Eternel dit à Satan : Tous ses biens sont en ton pouvoir, ainsi que les siens, mais ne porte pas la main sur sa personne ! Alors Satan se retira de la présence de l'Eternel.*

Job 2.1-7 *Un autre jour, où les anges de Dieu se rendirent au conseil de l'Eternel, Satan (l'Accusateur) vint aussi parmi eux au conseil de l'Eternel. L'Eternel lui demanda : D'où viens-tu donc ? Celui-ci lui répondit : Je viens de parcourir la terre et de la sillonner. Alors l'Eternel reprit : As-tu remarqué mon serviteur Job ? Il n'y a personne comme lui sur la terre : c'est un homme intègre et droit, un homme qui révère Dieu et qui évite de mal faire. Il persévère toujours dans son intégrité. C'est pour rien que tu m'as incité à l'accabler. Mais Satan répondit : Peau pour peau, tout ce qui est à lui, l'homme y renoncera en échange de sa vie. Mais porte donc la main sur son corps et l'on verra s'il ne te maudit pas en face ! L'Eternel dit à Satan : Il est en ton pouvoir, mais épargne sa vie. Alors Satan se retira de la présence de l'Eternel et il infligea à Job une douloureuse maladie de peau qui s'étendit de la plante des pieds jusqu'au crâne.*

Notons maintenant la cause de tous ces malheurs:

- D'après une observation superficielle, on pourrait avoir l'impression que ces malheurs sont purement dus à des influences physiques et matérielles.
- Mais si on lit les deux premiers chapitres du livre de Job, on réalise que la véritable source des calamités dont souffre Job se situe dans le monde spirituel et invisible.

C. « L'image dans l'image » spirituelle

Probablement que vous avez déjà vu des émissions à la télévision montrant deux ou trois mini-écrans en simultané, de sorte que vous puissiez visionner des évènements ou perspectives multiples en même temps. Cette technique est parfois appelée « picture in picture » (PIP). Elle vous permet par exemple de voir en même temps les nouvelles et un match de foot.

Depuis que nous avons accès à de tels moyens, le monde occidental est devenu de plus en plus friand d'une culture de multimédia qui permet de constamment garder plusieurs choses en vue. Mais cela n'est pas forcément le cas au niveau spirituel. La sensibilité envers le monde spirituel est une qualité qui a souvent été perdue dans notre recherche de ce qui est mesurable, rationnel et maîtrisable par la technologie. Si nous regardons la vie de Job seulement avec cette perspective-là, nous arrivons à la conclusion que Job était victime d'un enchaînement malheureux de circonstances. Les Ecritures par contre nous montrent que les malheurs de Job étaient dus à une activité dans le monde spirituel qui avait des conséquences tangibles dans le monde matériel.

D. Un monde, deux sphères

L'apôtre Paul parle souvent du domaine spirituel, mais dans l'épître aux Ephésiens, il en fait même le sujet central. Il y parle cinq fois des « lieux célestes » - en grec epouranios. (Ephésiens 1.3 ; 1.20 ; 2.6 ; 3.10 ; 6.12)

1. « Les lieux célestes »
(la sphère spirituelle et invisible)
Cette sphère inclut tout ce qui est spirituel et invisible depuis le monde naturel: Dieu, le Saint-Esprit, les anges, les démons, les bénédictions et les malédictions.

2. La sphère physique (matérielle et visible)
Cette sphère inclut tout ce que nous pouvons apercevoir par nos cinq sens et qui est mesurable physiquement.

Les deux sphères sont complètement réelles et ce qui se passe dans l'une peut avoir des conséquences directes sur l'autre.

II. La relation entre les deux sphères

Quelle interaction y a-t-il donc entre les deux sphères ? Comment cela se manifeste-t-il dans la vie de tous les jours ? Daniel 10.2-21 nous montre un exemple de l'interaction entre les deux sphères. Daniel, homme d'état et prophète, avait passionnément prié et cherché la face de Dieu au sujet de l'avenir du peuple d'Israël. Pendant trois semaines, il n'y avait apparemment aucune réponse à ses prières ; il semblait que rien ne se passait. Mais dans les lieux célestes, un combat acharné se déroulait.

A. Ce qui se passe au niveau céleste a des répercussions au niveau naturel

Daniel 10.2-13 *En ces jours-là, moi, Daniel, je fus plongé dans le deuil durant trois semaines entières. Je ne touchai à aucun mets délicat ; je ne pris ni viande, ni vin, et je ne me frottai d'aucune huile parfumée pendant ces trois semaines. Le vingt-quatrième jour du premier mois, je me trouvai sur la rive du grand fleuve, le Tigre. Je levai les yeux, et j'aperçus un homme vêtu d'habits de lin qui portait une ceinture d'or d'Ouphaz autour des reins. Son corps luisait comme de la Topaze, son visage flamboyait*

comme l'éclair, ses yeux étaient pareils à des flammes ardentes, ses bras et ses pieds avaient l'éclat du bronze poli. Quand il parlait, le son de sa voix retentissait comme le bruit d'une grande foule. Moi, Daniel, je fus seul à voir cette apparition, les gens qui étaient avec moi ne la virent pas, ils furent soudain saisis d'une grande frayeur et coururent se cacher. Je demeurai donc seul à contempler cette apparition grandiose. J'en perdis mes forces, je devins tout pâle et mes traits se décomposèrent ; je me sentais défaillir. J'entendis le personnage prononcer des paroles et, en entendant sa voix, je m'évanouis et je tombai la face contre terre. Alors, une main me toucha, elle me fit me redresser tout tremblant sur mes genoux et sur les paumes de mes mains. Puis la voix me dit : Daniel, homme bien-aimé de Dieu, sois attentif aux paroles que je t'adresse, mets-toi debout où tu es, car j'ai été maintenant envoyé vers toi. Pendant qu'il prononçait ces mots, je me relevai, tout tremblant. Il poursuivit : Sois sans crainte, Daniel ; car, dès le premier jour où tu as appliqué ton cœur à comprendre et à t'humilier devant ton Dieu, ta prière a été entendue ; et je suis venu vers toi, en réponse à tes paroles. Mais le chef du royaume de Perse s'est opposé à moi durant vingt et un jours. Alors Michel, l'un des principaux chefs, est venu à mon aide et je suis resté là auprès des rois de Perse.

Notons ce qui se passe ensuite:

Daniel 10.20 −21 *Il me dit : Sais-tu pourquoi je suis venu vers toi ? Je suis sur le point de m'en retourner pour combattre contre le chef de la Perse, et quand je partirai, le chef de la Grèce apparaîtra. Mais auparavant, je vais te révéler ce qui est écrit dans le livre de vérité. Personne ne me soutient contre tous ces adversaires, excepté Michel, votre chef.*

- L'empire grec n'a émergé que 200 ans plus tard, mais son arrivée était précédée par un combat dans la sphère spirituelle.
- Les prières de Daniel ont provoqué l'envoi d'un ange et le combat entre des « princes » dans le monde spirituel qui s'en est suivi.
- Ce récit nous montre que ce qui se passe dans le domaine naturel peut être une conséquence de ce qui s'est passé ou est en train de se passer dans le domaine spirituel.
- Les deux sphères interagissent donc dans l'histoire de ce monde. Cela se passe aussi dans nos vies, nos familles, notre culture, notre église et notre nation.

Nous ne pouvons pas nous permettre d'ignorer cette réalité ou de la nier. Nous vivons dans un seul monde, mais ce monde comprend deux sphères et nos vies se passent dans les deux. Nous devons apprendre à poser des questions telles que :
- Est-ce que cette situation difficile se produit « par hasard » ?

- Est-ce que ma mauvaise humeur vient sans raison apparente ?
- Est-ce que les tensions dans notre couple sont une fatalité ?
- Est-ce que le sentiment de lourdeur que nous ressentons durant le culte à l'église est dû simplement au mauvais temps ?
- Pourquoi notre église est-elle marquée par un esprit de critique (ou de rébellion, de scission, d'avarice, ou …) depuis des générations ?
- Est-ce que le manque de joie ou de motivation que je ressens est simplement dû à ma personnalité ?
- Est-ce que le racisme et les préjugés sont une fatalité ?
- Est-ce que cette maladie est simplement un coup du sort?
- Est-ce que les guerres sont une fatalité ?
- Est-ce que les famines sont une fatalité ?
- Est-ce que les crises financières sont de la simple malchance ?
- Est-ce que cette dépression m'est simplement « tombée dessus » ?

B. Jésus, dans sa vie et son ministère, a reconnu les deux sphères

La vie de Jésus était caractérisée par le fait qu'il vivait pleinement dans les deux sphères. Il semble qu'il se retrouvait régulièrement en confrontation avec des démons. Il reconnaissait aussi que des évènements qui semblaient être purement naturels avaient leurs racines dans le monde spirituel. Il comprenait la puissance de la parole prononcée dans des guérisons, des bénédictions et des malédictions.

Luc 4.40-41 *Au coucher du soleil, tous ceux qui avaient chez eux des malades atteints des maux les plus divers les amenèrent à Jésus. Il posa ses mains sur chacun d'eux et les guérit. Des démons sortaient aussi de beaucoup d'entre eux en criant : Tu es le Fils de Dieu ! Mais Jésus les reprenait sévèrement pour les faire taire, car ils savaient qu'il était le Christ.*

Luc 8.24 *Les disciples s'approchèrent de Jésus et le réveillèrent en criant : Maître, Maître, nous sommes perdus ! Il se réveilla et parla sévèrement au vent et aux flots tumultueux : ils s'apaisèrent, et le calme se fit.*

Jésus a fait face à Satan en personne durant un combat de quarante jours lors de sa tentation dans le désert (Matthieu 4). Il a vécu une confrontation avec les puissances démoniaques lors de sa première prédication dans la syagogue de Capernaüm (Marc 1). Son ministère incluait la délivrance de personnes qui étaient liées par une activité démoniaque, et il identifiait cela comme étant une partie intégrante du Royaume de Dieu qui venait sur terre (Luc 11). Un but important de la venue de Jésus sur terre était de détruire les œuvres du diable par sa mort et sa résurrection (Hébreux 2).

C. Ce monde est un territoire en guerre

La vie dans la liberté inclut aussi le fait de retrouver notre capacité à être sensibles à ce qui se passe dans le monde naturel et spirituel en même temps. Nous devons développer une compréhension de la manière dont les deux sphères interagissent. Nous vivons dans un monde spirituel qui est habité par des puissances spirituelles. Nous vivons dans une zone en guerre et cette guerre se passe fondamentalement et essentiellement dans le domaine spirituel ou « les lieux célestes ». Nous sommes impliqués dans une bataille cosmique qui a ses origines dans le monde spirituel mais qui a des conséquences importantes dans le monde naturel.

Ephésiens 6.12 *Car nous n'avons pas à lutter contre des êtres de chair et de sang, mais contre les Puissances, contre les Autorités, contre les Pouvoirs de ce monde des ténèbres, et contre les esprits du mal dans le monde céleste.*

Nous ne pouvons pas nous permettre d'ignorer ce combat !

Jean 10.10 *Le voleur vient seulement pour voler, pour tuer et pour détruire. Moi, je suis venu afin que les hommes aient la vie, une vie abondante.*

1 Jean 3.8 *Celui qui s'adonne au péché appartient au diable, car le diable pèche dès le commencement. Or, le Fils de Dieu est précisément apparu pour détruire les œuvres du diable.*

2 Corinthiens 2.10-12 *Celui à qui vous accordez le pardon, je lui pardonne moi aussi. Et si j'ai pardonné pour autant que j'aie eu quelque chose à pardonner je l'ai fait à cause de vous, devant le Christ, pour ne pas laisser Satan prendre l'avantage sur nous : nous ne connaissons en effet que trop bien ses intentions.*

D. En tant que chrétiens, nous devrions vivre en étant conscients de la sphère spirituelle

En tant que chrétiens, nous sommes appelés à vivre avec sagesse et sans crainte dans la réalité du monde spirituel. La Bible nous dit clairement que les chrétiens sont appelés à poursuivre la vie et le ministère que Jésus nous a montré comme exemple (Jean 17.18,20 ; 20.21). L'apôtre Paul nous enseigne que nous vivons dans une guerre spirituelle (Ephésiens 6.12).

Le chrétien…
- a été délivré de la domination des ténèbres.

Colossiens 1.13-14 *Il nous a arrachés au pouvoir des ténèbres et nous a fait passer dans le royaume de son Fils bien-aimé. Etant unis à lui, nous sommes délivrés, car nous avons reçu le pardon des péchés.*

- a la promesse d'une grande puissance en étant habité par Dieu.

1 Jean 4.4 *Vous, mes enfants, vous appartenez à Dieu et vous avez la victoire sur ces prophètes de mensonge, car celui qui est en vous est plus puissant que celui qui inspire ce monde.*

- a reçu autorité par Jésus-Christ sur les êtres démoniaques et leur influence.

Luc 10.17-19 *Quand les soixante-douze disciples revinrent, ils étaient pleins de joie et disaient : Seigneur, même les démons se soumettent à nous quand nous leur donnons des ordres en ton nom ! Oui, leur répondit-il, je voyais Satan tomber du ciel comme l'éclair. Ecoutez bien ceci : il est vrai que je vous ai donné le pouvoir de marcher sur les serpents et les scorpions, et d'écraser toutes les forces de l'Ennemi, sans que rien ne puisse vous faire du mal.*

Ephésiens 2.6 *Par notre union avec Jésus-Christ, Dieu nous a ressuscités ensemble et nous a fait siéger ensemble dans le monde céleste.*

E. La pensée occidentale résiste à la vision biblique du monde

- L'importance de ce que nous pouvons apercevoir par nos cinq sens est exagérée ; l'humanisme et le rationalisme exercent une influence paralysante.
- L'existence de démons et de puissances spirituelles est niée et le fait d'y croire est ridiculisé comme étant une croyance « primitive ».
- La pensée des gens et leur vision du monde sont marquées par le rationalisme humaniste.

Ces influences sont parmi les raisons de la faiblesse de l'église occidentale aujourd'hui. Elles conduisent les chrétiens à orienter leurs pensées et leurs actions principalement vers le monde naturel en négligeant le monde spirituel.

Le rationalisme humaniste

Lorsqu'on est immergé dans une culture ou une mentalité, on peut difficilement reconnaître toutes ses caractéristiques. Nous ne réalisons pas combien une certaine vision du monde influence notre vie et notre manière de penser. La liste suivante est destinée à vous aider à reconnaître si vous êtes excessivement influencé par le rationalisme occidental, de sorte que cela vous empêche de vivre avec une vision biblique du monde spirituel. Cochez tout ce qui convient :

❏ J'aime bien regarder les choses de manière logique. J'ai de la peine à accepter des choses qui ne sont pas démontrées ou prouvées ou qui me semblent illogiques.

❏ Des gens qui croient en l'existence d'anges, de démons, de bénédictions et de malédictions et qui en tiennent compte dans leur vie quotidienne me semblent « extrêmes ».

❏ Je cherche toujours d'abord les raisons logiques et naturelles d'un problème, avant de demander au Saint-Esprit de m'éclairer là-dessus.

❏ J'aime bien me fier à mes capacités intellectuelles pour maîtriser les problèmes de la vie.

❏ J'ai souvent de la peine à voir « avec les yeux de la foi ». Je perds facilement courage parce que je sous-estime la puissance de Dieu à changer les choses.

❏ Ma famille a donné une grande importance à une pensée claire et logique, ainsi qu'au fait d'avoir des arguments solides pour ce que l'on croit.

❏ Je cherche rarement une raison spirituelle invisible pour un problème naturel (maladie, tension relationnelle, problèmes financiers, etc.).

❏ J'ai cru comprendre que notre combat est « spirituel », mais je me sens plus à l'aise en cherchant moi-même des solutions plutôt qu'en demandant à Dieu de me montrer sa perspective sur une situation.

❏ J'ai de la peine à croire que le monde invisible soit réel et qu'il influence notre quotidien.

❏ Comme je ne comprends pas les enjeux du monde spirituel, je ne lui accorde que peu d'attention.

❏ Je crois que l'idée des anges et des démons est un peu primitive, superstitieuse et / ou peu pertinente pour ma vie.

❏ Certainement tout ce que je dois faire, c'est de comprendre la Parole et de vivre en conséquence. Le domaine surnaturel n'est pas de ma responsabilité.

Imaginez une église, une famille ou une communauté où :

- Personne ne garde rancune envers quelqu'un d'autre.
- Personne ne se cache des autres par peur d'être rejeté.
- Personne ne recule devant des défis donnés par Dieu par peur de l'échec.
- Personne n'enterre ses dons par sentiment d'infériorité ou d'insignifiance.
- Personne n'a peur de l'ennemi.
- Personne n'est soumis aux idoles de l'argent, du sexe et du pouvoir.
- Personne n'est emprisonné par la crainte des hommes.

- Personne ne retient ses ressources.
- Personne n'est bloqué par la passivité et l'apathie.
- Tous se tiennent debout dans l'autorité et la puissance spirituelles et s'investissent pour le bien des autres.

C'est cela le but du ministère de Jésus parmi nous aujourd'hui !

F. Par le Saint-Esprit, nous vivons simultanément dans les deux sphères

Dieu nous a pourvus de tout ce dont nous avons besoin pour vivre victorieusement dans les deux sphères. « Sa divine puissance nous a donné tout ce qui contribue à la vie et à la piété. » (2 Pierre 1.3) Le fondement de tout cela se trouve évidemment dans notre salut en Jésus Christ. Mais il nous a également donné d'être en relation avec le Saint-Esprit qui nous permet d'agir avec la puissance de Dieu dans le domaine naturel.

Sans la puissance du Saint-Esprit, nous serions incapables de suivre pleinement Jésus-Christ dans notre quotidien. Nous ne serions pas en mesure de vivre en obéissant à tout ce que Dieu nous demande, ni de triompher sur Satan et ses mauvais stratagèmes. Sans cette puissance, nous ne serions pas capables d'accomplir la mission et le ministère de Jésus. Etre rempli du Saint-Esprit est ce qui nous permet de vivre libérés, de retrouver le dessein originel de Dieu pour nos vies et d'accomplir la mission de Jésus dans notre vie.

1. La puissance du Saint-Esprit nous est indispensable, et être rempli du Saint-Esprit est un commandement biblique

- Pour que nous puissions mener une vie dans l'obéissance à Dieu et dans victoire sur l'ennemi, il est indispensable que nous soyons remplis du Saint-Esprit.
- Ephésiens 5.18 nous demande d'être continuellement remplis du Saint-Esprit.

Ephésiens 5.18 *Ne vous enivrez pas de vin cela vous conduirait à une vie de désordre mais laissez-vous constamment remplir par l'Esprit !*

- Nous sommes appelés à vivre continuellement dans la plénitude du Saint-Esprit et à toujours chercher à augmenter sa présence dans nos vies.

2. Nous devrions toujours vivre dans la plénitude du Saint-Esprit et nous devrions être constamment ouverts à être remplis à nouveau

- Tous les chrétiens reçoivent le Saint-Esprit au moment de leur salut.

- Il y a des moments dans nos vies où nous avons besoin d'une puissance particulière pour résister à des tentations spécifiques ou pour une occasion spéciale de servir Dieu d'une certaine manière. Nous avons alors besoin de la puissance du Saint-Esprit qui va au-delà du fait d'être continuellement remplis du Saint-Esprit. L'apôtre Pierre par exemple a vécu avec le Saint-Esprit depuis la Pentecôte, mais il a été à nouveau rempli plusieurs fois par la suite, et il en a été de même pour d'autres croyants.

Actes 4.8 *Alors Pierre, rempli de l'Esprit Saint, leur répondit : Dirigeants de la nation et responsables du peuple ! ...*

Actes 4.31 *Quand ils eurent fini de prier, la terre se mit à trembler sous leurs pieds à l'endroit où ils étaient assemblés. Ils furent tous remplis du Saint-Esprit et annonçaient la Parole de Dieu avec assurance.*

Dans ces cas, nous pourrions parler d'un équipement spécial ou d'une onction du Saint-Esprit.

3. Nous ne devrions pas chercher de manifestations particulières, mais nous devrions rechercher l'aide du Saint-Esprit

- afin que nous puissions faire toujours plus confiance à Dieu et à ses voies.
- afin que nous soyons remplis de son amour et de sa joie, et que le fruit de l'Esprit se manifeste en nous.
- afin que nous triomphions sur le péché parce que nous vivons dans la puissance de la résurrection.
- afin que nous soyons des témoins courageux.
- afin que nous puissions accomplir l'appel de Jésus sur nos vies.
- afin que nous puissions servir de manière surnaturelle et porter de plus en plus de fruit pour Dieu.

Dans tout cela, il est important que nous comprenions que le fait d'être rempli du Saint-Esprit est en lien étroit avec notre style de vie et la qualité de notre relation avec Dieu.

4. Nous devrions avoir des attentes basées sur la Bible

L'expérience d'être rempli du Saint-Esprit peut se manifester de différentes manières selon la personne et la situation. Il peut y avoir différentes expressions et manifestations du Saint-Esprit dans notre cheminement durant toute notre vie qui nous marqueront et nous apporteront des changements distincts.
- Nous vivrons probablement une combinaison de différentes expressions du Saint-Esprit lorsqu'il nous remplira.
- Souvent, le Saint-Esprit nous remplit de manière particulière lorsque nous nous abandonnons entièrement à Dieu durant une période de souffrance.
- Cela peut inclure une expérience spirituelle, émotionnelle ou physique distincte.

prêché à nouveau, mes messages n'étaient pas différents ; je n'ai pas présenté de nouvelles vérités, pourtant, des centaines de personnes se sont converties. Je ne voudrais revenir en arrière où j'étais avant cette expérience bénie pour rien au monde. »

5. Se préparer à être rempli du Saint-Esprit

Être rempli du Saint-Esprit peut se passer de manière similaire à notre expérience de la conversion à Jésus-Christ (lorsque Dieu nous pardonne nos péchés et nous donne la vie éternelle): nous demandons, et nous recevons. Nous pouvons également recevoir le Saint-Esprit lorsque d'autres nous imposent les mains. Nous pouvons aussi être spontanément remplis du Saint-Esprit si Dieu en décide ainsi.

Actes 19.2, 6 *Avez-vous reçu le Saint-Esprit quand vous êtes devenus croyants ? Ils lui répondirent : Nous n'avons même pas entendu dire qu'il y ait un Saint-Esprit. (...) Paul leur imposa les mains et le Saint-Esprit descendit sur eux : ils se mirent à parler dans diverses langues et à prophétiser.*

Etre rempli du Saint-Esprit est principalement une œuvre de Dieu, mais nous avons la responsabilité de vivre de manière à ce que le Saint-Esprit puisse nous remplir. Là de nouveau, il s'agit d'une collaboration divine-humaine, où l'œuvre de Dieu coïncide avec l'initiative humaine qui doit aussi remplir sa part. De même que le pilote d'une montgolfière peut attiser le feu qui va davantage remplir la montgolfière d'air chaud et qui va donc la faire monter plus haut, nous aussi, nous sommes responsables d'attiser le feu spirituel qui libère l'action du Saint-Esprit dans nos vies.

1. Examinons notre cœur et détournons-nous de tout péché dont nous sommes conscients. (Psaume 139.23-24; 2 Chroniques 7.14).
2. Confions notre vie entièrement à Dieu (Romains 12.1).
3. Confessons notre besoin de Dieu et notre dépendance de lui.
4. Demandons à Dieu par la foi de nous remplir (à nouveau) du Saint-Esprit et de nous équiper (Actes 4.29-31).
5. Croyons que Dieu répond à notre prière et vivons en conséquence. Remercions Dieu pour son action dans notre vie.

Une fois que nous vivons cela, nous ne voudrions plus vivre autrement qu'en étant remplis par le Saint-Esprit et en vivant dans sa puissance. C'est seulement par le Saint-Esprit que nous pouvons vivre libérés ; une vie surnaturelle, pleinement impliquée dans les sphères physiques et spirituelles en même temps.

• Dans l'Ancien Testament, nous voyons comment certains ont prophétisé ou reçu une force surnaturelle dans une situation donnée.
• Dans le Nouveau Testament, nous voyons comment d'autres ont prophétisé, parlé en langues, ont été équipés pour rendre un témoignage puissant, ont vécu avec joie dans la souffrance, ont été guéris, pour ne mentionner que quelques exemples.

Etre rempli par le Saint-Esprit inclut aussi la dimension continue d'une application conséquente de la parole de Dieu, de la prière et de l'obéissance. Le théologien Wayne Grudem utilise une analogie pour illustrer le fait d'être rempli par le Saint-Esprit : il le compare avec un ballon qui est rempli d'air, en contraste avec un verre qui est rempli d'eau. Le liquide ne peut pas augmenter la capacité de remplissage du verre, mais l'air peut augmenter la capacité de remplissage du ballon. Il en est ainsi pour nos vies : alors que nous sommes de plus en plus remplis du Saint-Esprit, notre capacité de vivre la vie et la puissance surnaturelle de Dieu augmente aussi.

D.L. Moody (un évangéliste américain du 19ème siècle qui a été puissamment utilisé par Dieu) a vécu une œuvre distincte du Saint-Esprit après son salut. Il parle de son « baptême du Saint-Esprit » :

« Un jour, au centre de New York – oh, quelle journée ! – je ne peux pas le décrire, je n'en parle que rarement ; c'était une expérience qui était presque trop sainte pour en parler. Paul a eu une expérience dont il ne pouvait pas parler pendant quatorze ans. Je ne peux que dire que j'ai rencontré Dieu et que j'ai expérimenté son amour de manière tellement intense que j'ai dû lui demander d'arrêter. Suite à cela, quand j'ai

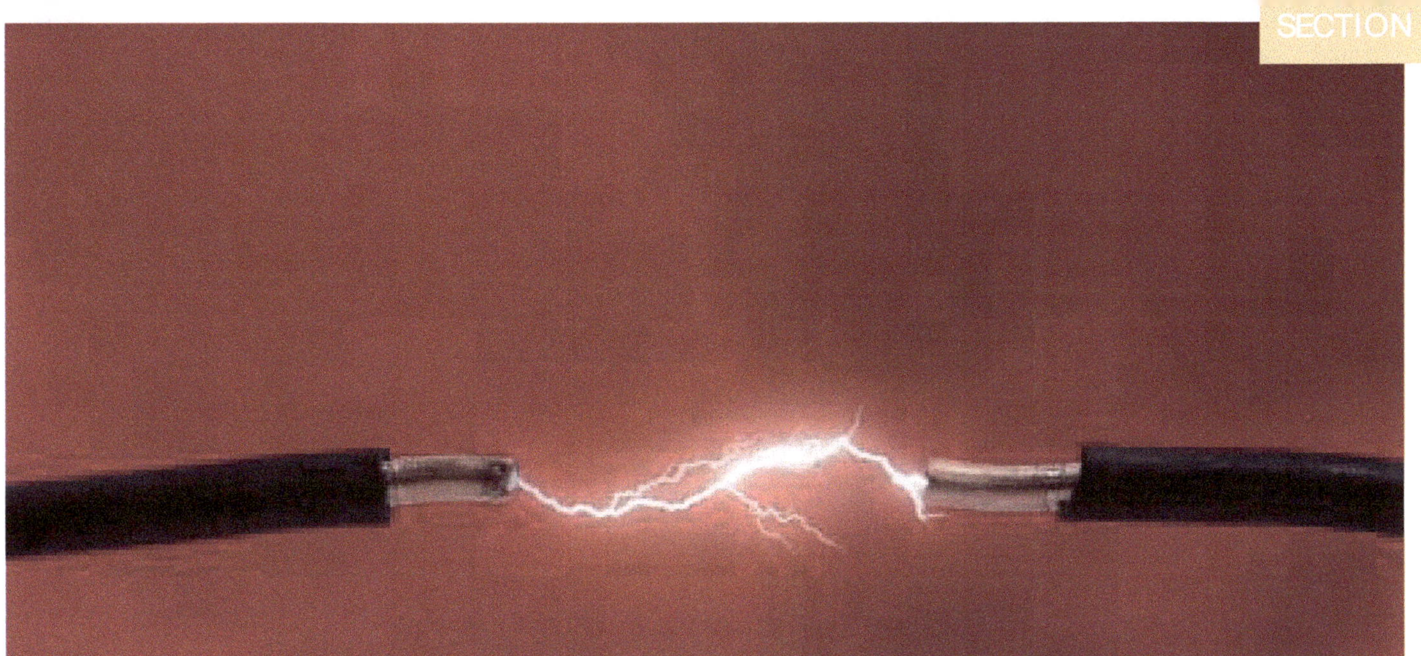

Section III :
Comprendre l'autorité et la puissance en Christ

Vivre dans la puissance surnaturelle de Dieu est un privilège étonnant qui est donné à chaque chrétien. Jésus nous a promis cette puissance et l'église primitive l'a reçue et l'a manifestée. Paul disait que sa vie et son ministère pour Christ étaient confirmés « par l'Esprit Saint, par un amour sincère, par la parole de vérité, par la puissance de Dieu… » (2 Corinthiens 6.6-7).

Le mot « puissance » est la traduction du mot grec dunamis qui peut signifier puissance, force ou capacité. Il fait référence à une puissance inhérente qui réside dans la nature d'une chose ou d'une personne. Il inclut la capacité d'accomplir des miracles. C'est de ce mot qu'est dérivé le mot « dynamite ».

Dans la vie et le ministère de Jésus, nous voyons une autre composante-clé. L'évangile de Luc rapporte que des gens s'étonnaient: « Quelle est cette parole ? Il commande avec autorité et puissance aux esprits impurs, et ils sortent ! » (Luc 4.36) Malgré le fait que Jésus était pleinement Dieu, il vivait entièrement en tant qu'homme – en tant qu'homme équipé de la puissance de Dieu. Et en plus de la puissance de Dieu, il avait également son autorité.

« Autorité » est une traduction du mot grec exousia. Ce mot est parfois également traduit par « puissance », mais il s'agit alors d'une puissance liée à une position d'autorité, un droit ou un privilège. Il peut faire référence au pouvoir gouvernemental, ou au pouvoir d'une personne ou d'une institution qui commande le respect et l'obéissance des autres.

Jésus a manifesté dans toute sa vie à la fois l'autorité (exousia) et la puissance (dynamis). Il a résisté à toute tentation venant de Satan. Il a écrasé le royaume de Satan partout où il allait, en guérissant les gens et en les délivrant de l'emprise de démons. Partout où Jésus apparaissait, Satan a dû fuir !

I. L'autorité et la puissance de Christ

A. L'autorité de Christ est l'autorité ultime

Epheser 1,18-22 *Qu'il illumine ainsi votre intelligence afin que vous compreniez en quoi consiste l'espérance à laquelle vous avez été appelés, quelle est la glorieuse richesse de l'héritage que Dieu vous fait partager avec tous ceux qui lui appartiennent, et <u>quelle est l'extraordinaire grandeur de la puissance</u> qu'il met en œuvre en notre faveur, à nous qui* *plaçons notre confiance en lui. Cette puissance, en effet, il l'a déployée dans toute sa force en la faisant agir dans le Christ lorsqu'il l'a ressuscité d'entre les morts et l'a fait siéger à sa droite, dans le monde céleste. Là, le Christ est placé bien au-dessus de toute Autorité, de toute Puissance, de toute Domination et de toute Souveraineté : au-dessus de tout nom qui puisse être cité, non seulement dans le monde présent, mais aussi dans le monde à venir. Dieu a tout placé sous ses pieds, et ce Christ qui domine toutes choses, il l'a donné pour chef à l'Eglise.*

- Quarante jours après sa résurrection, Jésus est monté au ciel. Dieu l'a alors honoré en le faisant asseoir à sa droite – ce qui est un geste symbolique signifiant qu'il lui a lui octroyé son autorité et sa puissance.
- Jésus occupe toujours cette même position d'autorité. Cela ne veut pas dire qu'il est assis dans un coin éloigné de l'univers – au contraire, il est très présent dans le monde invisible.
- Jésus est l'autorité suprême sur tout être spirituel dans le monde invisible – Satan inclus. Satan n'est qu'une créature. Créé par Dieu, il doit se soumettre à Lui.
- Personne n'a plus d'autorité et de puissance que Jésus. Dieu lui a tout soumis.

B. Jésus a agi sous l'autorité de Dieu

L'autorité de Jésus était et continue à être plus grande que celle de toute la création et de tout être créé. Mais lui-même était soumis à une autorité. Jésus n'a jamais agi en dehors de la direction et de l'autorité de Dieu. Ce n'est pas par lui-même qu'il a décidé ce qu'il allait faire et comment il allait le faire. Il n'a même pas prononcé une parole sans avoir entendu du Père qu'il devait le faire. (Jean 8.26 et 12.49)

Jésus était soumis à Dieu le Père et agissait sous son autorité dans tout ce qu'il faisait. C'est de cette manière qu'il a mené une vie sous « l'onction » (l'approbation et la puissance) du Saint-Esprit. Jésus, en étant pleinement Dieu et pleinement homme, a vécu en tant qu'homme qui agissait sous l'autorité de Dieu le Père.

Jean 5.30 *Pour moi, je ne peux rien faire de mon propre chef ; je juge seulement comme le Père me l'indique. Et mon verdict est juste, car je ne cherche pas à réaliser mes propres désirs, mais à faire la volonté de celui qui m'a envoyé.*

Jean 7.16 *Jésus leur répondit : Rien de ce que j'enseigne ne vient de moi. J'ai tout reçu de celui qui m'a envoyé.*

Jean 8.26-28 *En ce qui vous concerne, j'aurais beaucoup à dire, beaucoup à juger. Mais celui qui m'a envoyé est véridique,*

et je proclame au monde ce que j'ai appris de lui. Comme ils ne comprenaient pas que Jésus leur parlait du Père, il ajouta : Quand vous aurez élevé le Fils de l'homme, alors vous comprendrez que moi, je suis. Vous reconnaîtrez que je ne fais rien de ma propre initiative, mais que je transmets ce que le Père m'a enseigné.

Jean 12.49-50 *Car je n'ai pas parlé de ma propre initiative : le Père, qui m'a envoyé, m'a ordonné lui-même ce que je dois dire et enseigner. Or je le sais bien : l'enseignement que m'a confié le Père c'est la vie éternelle. Et mon enseignement consiste à dire fidèlement ce que m'a dit le Père.*

Parce que Jésus a servi sous une autorité, il était capable d'agir avec une grande autorité. Pour nous aussi, il est essentiel que nous apprenions à vivre et à agir dans le cadre d'une autorité – en nous soumettant à Dieu et aux structures d'autorité qu'il a placées dans nos vies. Alors la puissance de Dieu peut s'exercer en nous et au travers de nous. Nous pourrons alors vivre dans la puissance de Dieu comme Jésus l'a fait.

C. Nous avons besoin de l'autorité et de la puissance de Jésus pour pouvoir exercer son ministère

Pour pouvoir réellement « vivre libérés » et pour continuer le ministère de Jésus sur terre tel que lui-même et l'église primitive l'ont fait, nous devons recevoir l'autorité et la puissance de Dieu et l'exercer. En tant que disciples de Jésus, nous allons découvrir que pour vivre comme nous sommes appelés à vivre, et faire ce que nous sommes appelés à faire, nous avons besoin de la puissance surnaturelle de Dieu dans nos vies. C'est la raison pour laquelle « Jésus, ayant assemblé les douze, leur donna force et pouvoir sur tous les démons, avec la puissance de guérir les maladies. » (Luc 9.1) C'est aussi la raison pour laquelle Jésus a dit à ses disciples avant son ascension qu'ils devaient attendre la venue du Saint-Esprit qui allait les remplir de la puissance de Dieu.

Luc 24.49 *Quant à moi, j'enverrai bientôt sur vous ce que mon Père vous a promis. Vous donc, restez ici dans cette ville, jusqu'à ce que vous soyez revêtus de la puissance d'en haut.*

Actes 1.8 *Mais le Saint-Esprit descendra sur vous : vous recevrez sa puissance et vous serez mes témoins à Jérusalem, dans toute la Judée et la Samarie, et jusqu'au bout du monde.*

Luc 9.1 *Jésus appela ses douze disciples et leur donna l'autorité de chasser les esprits mauvais et de guérir toute maladie et toute infirmité.*

D. La différence entre l'autorité et la puissance

L'autorité et la puissance de Dieu sont inséparables. Néanmoins, il y a une distinction claire entre les deux. Nous avons vu que Jésus avait à la fois l'autorité et la puissance de Dieu. Il a aussi transmis à ses disciples à la fois l'autorité et la puissance.

Luc 4.36 *Il y eut un moment de stupeur ; ils se disaient tous, les uns aux autres : Quelle est cette parole ? Il donne des ordres aux esprits mauvais, avec autorité et puissance, et ils sortent !*

Luc 9.1 *Jésus réunit les Douze et leur donna le pouvoir et l'autorité de chasser tous les démons et de guérir les malades.*

1. L'autorité est le <u>droit</u> d'agir.
2. La puissance est la <u>capacité</u> d'agir.

1. L'autorité

L'autorité est basée sur une position qui donne à une personne le droit de diriger, dans les limites de l'autorité qui lui est confiée. Par exemple, un officier de police exerce l'autorité dans un domaine précis, tel que défini par le gouvernement du pays. Par contre, il n'a pas d'autorité sur des gens en dehors de son domaine. Il ne pourrait pas entrer dans une base militaire et commencer à donner des ordres aux soldats, et il ne pourrait pas non plus exercer l'autorité sur les citoyens dans un autre pays.

La Bible est très claire à ce sujet : Dieu a délégué l'autorité de Christ à nous, ses disciples, pour que nous puissions continuer son travail et étendre son Royaume, selon les paramètres qu'il a établis pour nous.

2. La puissance

La puissance est la capacité d'une personne à exercer l'autorité de Dieu. En d'autres mots, elle s'exprime au travers des croyants quand ils exercent l'autorité qu'ils ont reçue. Cette autorité est donnée à chaque chrétien sans exception, mais la manifestation de la puissance qui en découle peut être limitée par des péchés et des forteresses.

Par exemple, la Bible montre que les péchés et les forteresses d'incrédulité, de crainte, d'orgueil, d'infériorité et beaucoup d'autres affaiblissent l'expression de la puissance de Dieu libérée dans son peuple. Jésus lui-même ne pouvait pas accomplir beaucoup d'œuvres surnaturelles à Nazareth, à cause de l'incrédulité de ses habitants (Marc 6.6).

II. Jésus nous délègue son autorité

La Bible nous dit que nous étions soumis à l'autorité de l'enfer, de Satan et de ses acolytes, que nous étions gouvernés par notre nature charnelle pécheresse et que nous étions influencés par le système de ce monde (Voir Ephésiens 2.1-3). Jésus est venu pour nous délivrer de la domination (l'autorité et la puissance) de Satan et pour nous faire entrer dans son Royaume. Et pour couronner le tout, il ne nous a pas seulement sorti du règne de Satan et transféré dans le sien, mais il nous a aussi élevés avec lui dans « les lieux célestes ». Cela implique que l'autorité que Jésus a reçue de Dieu le Père nous est aussi donnée !

Ephésiens 2.4-6 *Mais Dieu est riche en bonté. Aussi, à cause du grand amour dont il nous a aimés, alors que nous étions spirituellement morts à cause de nos fautes, il nous a fait revivre les uns et les autres avec le Christ. C'est par la grâce que vous êtes sauvés. Par notre union avec Jésus-Christ, Dieu nous a ressuscités ensemble <u>et nous a fait siéger ensemble dans le monde céleste.</u>*

Jésus règne sur toute la sphère céleste, il occupe le siège de l'autorité ultime – et nous régnons avec lui. Nous partageons son autorité dans le monde spirituel. Il s'agit là d'une réalité présente et actuelle ; elle ne se situe pas quelque part dans l'avenir. En ce moment présent, « toute bénédiction spirituelle dans les lieux célestes » nous est donnée en Jésus. (Ephésiens 1.3)

A. Les douze apôtres ont reçu l'autorité de Jésus

Luc 9.1 *Jésus réunit les Douze et leur donna le pouvoir et l'autorité de chasser tous les démons et de guérir les malades.*

B. Les soixante-douze disciples ont reçu l'autorité de Jésus

Luc 10.1,17-19 *Après cela, le Seigneur choisit encore soixante-douze autres disciples et les envoya deux par deux, pour le précéder dans toutes les villes et les localités où il devait se rendre. (...) Quand les soixante-douze disciples revinrent, ils étaient pleins de joie et disaient : Seigneur, même les démons se soumettent à nous quand nous leur donnons des ordres en ton nom ! Oui, leur répondit-il, je voyais Satan tomber du ciel comme l'éclair. Ecoutez bien ceci : <u>il est vrai que je vous ai donné le pouvoir de marcher sur les serpents et les scorpions, et d'écraser toutes les forces de l'Ennemi, sans que rien ne puisse vous faire du mal.</u>*

C. Tous les croyants ont reçu l'autorité de Jésus

L'autorité et la puissance que Jésus a donnée à ses disciples n'était pas pour eux seulement – elle est aussi pour nous. Jésus a dit à ses disciples : « Vraiment, je vous l'assure : celui qui croit en moi accomplira lui-même les œuvres que je fais. Il en fera même de plus grandes parce que je vais auprès du Père » (Jean 14.12). Jésus ne voulait pas que nous le laissions faire tout le travail d'annoncer et d'établir le Royaume de Dieu sur la terre. Il n'avait pas non plus l'intention d'arrêter le ministère dans son autorité avec la première génération de disciples. Il avait pleinement l'intention de partager son autorité et sa puissance avec TOUS ceux qui le suivaient !

Matthieu 28.18-20 *Alors Jésus s'approcha d'eux et leur parla ainsi : J'ai reçu tout pouvoir dans le ciel et sur la terre : allez donc dans le monde entier, faites des disciples parmi tous les peuples, baptisez-les au nom du Père, du Fils et du Saint-Esprit et apprenez-leur à obéir à tout ce que je vous ai prescrit. Et voici : je suis moi-même avec vous chaque jour, jusqu'à la fin du monde.*

Jean 17.18, 20-21 *Comme tu m'as envoyé dans le monde, moi aussi je les y envoie. (...) Ce n'est pas seulement pour eux que je te prie ; c'est aussi pour ceux qui croiront en moi grâce à leur témoignage. Je te demande qu'ils soient tous un. Comme toi, Père, tu es en moi et comme moi je suis en toi, qu'ils soient un en nous pour que le monde croie que c'est toi qui m'as envoyé.*

Ephésiens 1.18-22; 2.6 *Qu'il illumine ainsi votre intelligence afin que vous compreniez (...) quelle est l'extraordinaire grandeur de la puissance qu'il met en œuvre en notre faveur, à nous qui plaçons notre confiance en lui. Cette puissance, en effet, il l'a déployée dans toute sa force en la faisant agir dans le Christ lorsqu'il l'a ressuscité d'entre les morts et l'a fait siéger à sa droite, dans le monde céleste. Là, le Christ est placé bien audessus de toute Autorité, de toute Puissance, de toute Domination et de toute Souveraineté : au-dessus de tout nom qui puisse être cité, non seulement dans le monde présent, mais aussi dans le monde à venir. (...) Par notre union avec Jésus-Christ, Dieu nous a ressuscités ensemble et nous a fait siéger ensemble dans le monde céleste.*

Jacques 5.17-18 *Elie était un homme tout à fait semblable à nous. Il pria avec insistance pour qu'il ne pleuve pas et, pendant trois ans et demi, il ne tomba pas de pluie sur le sol. Puis il pria de nouveau et le ciel redonna la pluie, et la terre produisit ses récoltes.*

III. Nous recevons cette autorité lors de notre conversion

A. Dès notre conversion, nous sommes assis avec Christ dans les lieux célestes

Jésus règne sur les lieux célestes; il occupe la place de l'autorité ultime; et nous régnons avec lui. (Ephésiens 1.20–21; 2.6). Nous avons part à l'autorité de Jésus dans le monde spirituel. C'est par nous que « les dominations et les autorités dans les lieux célestes connaissent aujourd'hui ... la sagesse infiniment variée de Dieu » (Ephésiens 3.10). Cela veut dire que nous avons le droit et la responsabilité de faire respecter l'autorité de Dieu, au même titre qu'un agent de police est mandaté par son gouvernement pour faire respecter ses lois et ses règles.

Colossiens 2.9-10 *Car c'est en lui, c'est dans son corps, qu'habite toute la plénitude de ce qui est en Dieu. Et par votre union avec lui, vous êtes pleinement comblés, car il est le chef de toute Autorité et de toute Puissance.*

Colossiens 2.13-15 *Et vous, qui étiez morts à cause de vos fautes, et parce que vous étiez des incirconcis, des païens, Dieu vous a donné la vie avec le Christ. Il nous a pardonné toutes nos fautes. Car il a annulé l'acte qui établissait nos manquements à l'égard des commandements. Oui, il l'a effacé, le clouant sur la croix. Là, il a désarmé toute Autorité, tout Pouvoir, les donnant publiquement en spectacle quand il les a traînés dans son cortège triomphal après sa victoire à la croix.*

« Vivre libéré » implique d'être libéré de l'autorité et du pouvoir de l'ennemi et d'être en mesure de vivre et d'agir dans l'autorité et la puissance de Dieu. Comment pouvons-nous y arriver ? C'est possible grâce à la position que nous avons reçue par notre relation personnelle avec Jésus-Christ. En tant que croyants, nous devons commencer à comprendre et à nous approprier l'autorité et la puissance de Jésus-Christ. Parce que Jésus habite en nous, son autorité réside aussi en nous.

Il n'y a qu'un seul chemin pour accéder à cette autorité de Jésus-Christ – c'est en recevant le salut par Jésus et en vivant en relation avec lui. Une autre manière d'exprimer cela serait de dire que, en recevant le pardon des péchés et le salut en Jésus-Christ, nous avons accès à l'autorité de Christ.

Est-ce que vous avez déjà fait la démarche de recevoir Jésus-Christ dans votre vie et de recevoir le pardon de vos péchés qui vous séparent de Dieu ? Prenez un moment pour relire le premier chapitre de ce manuel. Pensez aux vérités fondamentales qui peuvent vous aider à comprendre comment vous pouvez être sûr d'avoir une relation avec Dieu par Jésus-Christ qui vous apporte le salut. Nous ne pouvons pas assez répéter ces vérités !

2 Pierre 1.12-15 *Voilà pourquoi je ne cesserai de vous rappeler ces choses, bien que vous les sachiez déjà et que vous soyez fermement attachés à la vérité qui vous a été présentée. Mais j'estime juste de vous tenir en éveil par mes rappels, tant que je serai encore de ce monde. Car je sais que je vais bientôt quitter ce corps mortel, comme notre Seigneur Jésus-Christ me l'a révélé. Cependant, je prendrai grand soin que, même après mon départ, vous vous rappeliez toujours ces choses.*

Si vous avez prié avec une foi sincère pour recevoir Jésus-Christ dans votre vie, vous pouvez être confiant que la transaction spirituelle a eu lieu. Dieu se réjouit de donner le pardon et la vie éternelle à toute personne qui croit. Donc si vous avez cru et prié de manière sincère, vous pouvez être sûr d'être pardonné et d'avoir la vie éternelle.

Romains 10.13 *Tous ceux qui feront appel au Seigneur seront sauvés.*

2 Corinthiens 5.17 *Ainsi, celui qui est uni au Christ est une nouvelle créature : ce qui est ancien a disparu, voici : ce qui est nouveau est déjà là.*

B. Dès de notre conversion, nous avons la plénitude de Christ

1. Christ habite en nous

L'apôtre Paul utilise la phrase « en Christ » au moins 86 fois. Lorsque nous devenons une nouvelle création en Christ, Christ vient habiter en nous (2 Cor 5.21). Il habite en nous par le Saint-Esprit. Et ce n'est pas simplement un concept théologique ou un symbolisme mystique – c'est une réalité ! En vertu de la présence de Jésus qui nous habite, nous recevons une

Non-chrétien	Chrétien	
Jésus-Christ Ephésiens 1.22	**Jésus-Christ** Ephésiens 1.22	Ceci représente la hiérarchie dans le monde spirituel.
	Le chrétien Ephésiens 2.6	Notez que quand
Satan Ephésiens 2.2	**Satan** Ephésiens 2.2	une personne devient
Esprits Luc 13.11	**Esprits** Luc 13.11	chrétien(ne), elle est promue à la position
Etres humains Genèse 1.26		juste en-dessous de
Animaux Psaume 8.6-8	**Animaux** Psaume 8.6-8	Jésus-Christ.

nouvelle identité et une nouvelle nature qui sont spirituelles et divines. Tout ce qui est à Christ nous est imputé au moment du salut.

Galates 2.20 *Ce n'est plus moi qui vis, c'est le Christ qui vit en moi. Ma vie en tant qu'homme, je la vis maintenant dans la foi au Fils de Dieu qui, par amour pour moi, s'est livré à la mort à ma place.*

Colossiens 1.27 *Car Dieu a voulu leur faire connaître quelle est la glorieuse richesse que renferme le secret de son plan pour les non-Juifs. Et voici ce secret : le Christ est en vous, lui en qui se concentre l'espérance de la gloire à venir.*

2. Nous sommes comblés en Christ

La Bible dit qu'en Christ, nous avons accès à toute bénédiction spirituelle dans les lieux célestes (Eph 1.3). Elle dit aussi que nous avons accès à toute la plénitude de Dieu par Jésus-Christ, tout comme Jésus a la plénitude de Dieu dans sa forme corporelle.

Colossiens 2.9-10 *Car c'est en lui, c'est dans son corps, qu'habite toute la plénitude de ce qui est en Dieu. Et par votre union avec lui, vous êtes pleinement comblés, car il est le chef de toute Autorité et de toute Puissance.*

Le mot plénitude est traduit du grec pléroma, ce qui veut dire complet, parfait, entier, accompli, sans aucun manque. Christ nous donne accès à toute ressource spirituelle, toute bénédiction et tout l'héritage dont nous avons besoin pour vivre comme lui !

3. La gloire de Jésus habite en nous

Nous voyons la gloire de Dieu manifestée à plusieurs reprises dans la Bible. Elle est révélée dans des récits tels que celui du Mont Sinaï, quand les Israélites ont vu des tremblements de terre et des coups de tonnerre (Ex 19). Nous la voyons également quand Moïse ne pouvait pas entrer dans le tabernacle parce que la nuée de la présence de Dieu le remplissait (Ex 40), ou quand les sacrificateurs ne pouvaient pas se tenir dans le temple à cause de la gloire manifestée de Dieu (2 Chron 7.1-2). Esaïe ne se sentait pas en mesure de supporter la manifestation de la gloire de Dieu (Esa 6). Et qui pourrait oublier la rencontre dramatique où Pierre, Jacques et Jean ont été témoins de la transfiguration de Jésus, alors que sa gloire leur était révélée ? (Luc 9). Dans chacun de ces récits, les personnes impliquées étaient bouleversées par la manifestation de la gloire de Dieu.

Etonnamment, la Bible dit clairement que tous les chrétiens portent cette même gloire dans leur corps physique. De nouveau, il ne s'agit pas simplement d'un concept théologique, mais d'une réalité puissante.

2 Corinthiens 4.4,6,7 *Le dieu de ce monde a aveuglé leur esprit et les empêche ainsi de voir briller la lumière de la Bonne Nouvelle qui fait resplendir la gloire du Christ, lui qui est l'image de Dieu. ...En effet, le même Dieu qui, un jour, a dit : Que la lumière brille du sein des ténèbres, a lui-même brillé dans notre coeur pour y faire resplendir la connaissance de la gloire de Dieu qui rayonne du visage de Jésus-Christ. Mais ce trésor, nous le portons dans les vases faits d'argile que nous sommes, pour que ce soit la puissance extraordinaire de Dieu qui se manifeste, et non notre propre capacité.*

4. Nous sommes pleinement sécurisés dans son amour

Dieu ne nous prépare pas à son service en nous chargeant comme nous chargeons un rasoir électrique ou un outil semblable. Nous sommes ses enfants bien-aimés. De nouveau, cela est le cas à cause de notre union avec Christ. Dieu nous aime avec le même amour qu'il ressent pour son fils Jésus-Christ.

Jean 17.21-23 *Je te demande qu'ils soient tous un. Comme toi, Père, tu es en moi et comme moi je suis en toi, qu'ils soient un en nous pour que le monde croie que c'est toi qui m'as envoyé. Je leur ai donné la gloire que tu m'as donnée, afin qu'ils soient un, comme toi et moi nous sommes un, moi en eux et toi en moi. Qu'ils soient parfaitement un et qu'ainsi le monde puisse reconnaître que c'est toi qui m'as envoyé et que tu les aimes comme tu m'aimes !*

L'apôtre Paul savait que notre capacité de vivre de plus en plus dans la plénitude de la vie et la puissance de Dieu est en lien direct avec notre ancrage dans son amour.

Ephésiens 3.18-21 *Vous serez ainsi à même de comprendre, avec tous ceux qui appartiennent à Dieu, combien l'amour du Christ est large, long, élevé et profond. Oui, vous serez à même de connaître cet amour qui surpasse tout ce qu'on peut en connaître, et vous serez ainsi remplis de toute la plénitude de Dieu. A celui qui, par la puissance qui agit en nous, peut réaliser infiniment au-delà de ce que nous demandons ou même pensons, à lui soit la gloire...*

Dieu ne peut pas nous aimer davantage qu'il ne le fait maintenant, mais nous pouvons accéder à une révélation et une expérience de plus en plus grande de son amour.

C. Dès notre conversion, nous entrons dans une guerre spirituelle

En tant que chrétiens, lorsque nous sommes assis avec Christ dans les lieux célestes, nous occupons une place d'autorité et de responsabilité dans une guerre cosmique – celle du Royaume de Dieu et du royaume de Satan. Ces deux royaumes ne sont pas du tout égaux en puissance. La guerre qui a commencé avec la rébellion de Lucifer (maintenant Satan) est une insurrection d'une puissance inférieure contre une puissance supérieure. Dieu a toujours gardé la maîtrise de tout.

Néanmoins, il y a des combats qui se déroulent dans la sphère spirituelle autour de nous, et nous expérimentons leurs conséquences dans le monde naturel. Pour que nous puissions être victorieux et que nous puissions accomplir les plans de Dieu sur cette terre, nous devons apprendre à utiliser les armes spirituelles puissantes qui nous ont été données. Nous devons exercer notre autorité et combattre dans les cieux pour reconquérir le territoire que l'ennemi a ravi dans la vie des gens et dans ce monde. De cette manière, nous pouvons dépouiller le royaume de l'ennemi sur cette terre. C'est ce que nous sommes appelés à faire sur cette terre – exercer le ministère de Jésus et étendre son Royaume. La vie et le ministère de Jésus est notre modèle et nous montre comment nous devrions vivre, et comment l'église devrait agir aujourd'hui.

- Nous devons utiliser nos armes spirituelles, exercer notre autorité, et combattre dans les lieux célestes.

- Nous représentons l'autorité de Christ, et l'ennemi ne peut pas résister à cette autorité lors d'une confrontation directe.

- Les seules armes que l'ennemi peut encore utiliser sont le mensonge, le secret, la déception, l'intimidation et la menace. Il ne peut pas supporter une confrontation de puissance directe contre les enfants de Dieu qui se tiennent dans la justice, la sainteté et l'autorité de Christ.

La Bible, le mandat de Jésus-Christ et les temps que nous vivons demandent que nous prêtions attention à cet aspect de la vie et du ministère chrétien. Nous ne pouvons pas nous permettre de négliger ou de marginaliser cette composante de la vie chrétienne.

Nous sommes dans une guerre, et nous ne pouvons pas ignorer nos ennemis. Nous avons reçu des armes spirituelles puissantes pour les vaincre. Comme Jésus l'a fait, nous devons confronter et chasser avec détermination les esprits démoniaques dans toutes les situations de la vie courante dans lesquellesnous les rencontrons (attaques spécifiques, forteresses, péchés et tentations).

Conclusion

L'intention de ce cours est de vous fournir des vérités bibliques qui vous permettront de véritablement « vivre libéré ». Cela comprend le fait de retrouver l'autorité spirituelle que Dieu avait prévue pour son peuple. Cela inclut comment vous pouvez utiliser cette autorité que vous avez en Jésus-Christ pour contrecarrer de manière efficace les attaques et les tourments de mauvais esprits dirigés contre vous. Vous pouvez les refuser et y résister comme Jésus et les apôtres l'ont fait. Jésus nous a encouragés par cette vérité que « celui qui est en vous (Jésus, par le Saint-Esprit) est plus grand que celui qui est dans le monde (Satan et les esprits qui le servent). » (1Jean 4.4)

Vous pouvez être dans l'assurance que si vous avez reçu Jésus-Christ comme votre Seigneur et Sauveur, la transaction spirituelle décrite plus haut a eu lieu. Donc votre position est maintenant celle d'être assis avec Jésus dans les lieux célestes, en partageant son autorité et sa puissance. Vous avez une relation avec lui qui vous permet d'écouter sa voix pour savoir quand et comment il désire que vous utilisiez cette autorité. Il vous parle par sa parole écrite, la Bible, et de manière directe dans vos temps de prière.

Si vous croyez en Jésus et le suivez sincèrement, vous êtes alors cohéritier avec lui. L'autorité et la puissance de Jésus résident en vous. Sachant cela, il est temps pour vous de commencer à reprendre ce que l'ennemi vous a volé. Il est temps d'exercer l'autorité que Dieu vous a donnée face à l'ennemi de nos âmes et de continuer l'œuvre de sozo (du salut, dans le sens global comme décrit dans le premier chapitre) dans votre vie !

Exercez votre autorité

Est-ce que vous pouvez identifier des domaines de votre vie qui ne sont pas en accord avec les valeurs du Royaume de Dieu et avec son dessein pour une vie pleine et abondante ? Souvent, des domaines tels que le découragement, l'opposition, ou la confusion sont dues à des manœuvres de l'ennemi. Il peut y avoir des tentations, des craintes, des pensées sur vous-mêmes, sur Dieu et sur les autres qui ne sont pas en accord avec la vérité de Dieu. Il peut y avoir aussi des maladies persistantes. Ou peut-être que vos enfants souffrent de cauchemars récurrents ou d'autres circonstances pénibles avec lesquelles vous vous êtes arrangé en pensant que la vie est ainsi.

Jacques 4.7 vous promet que lorsque vous résistez au diable, il fuira de vous. Mais il ne dit pas que si vous ignorez le diable, il fuira ! Il vous faut outrepasser toute passivité et le rationalisme humaniste qui vous empêche de saisir et d'utiliser les ressources dont Dieu vous a pourvus. Commencez à exercer l'autorité et la puissance qui sont les vôtres en Jésus-Christ !

Section IV :
Les forteresses spirituelles

I. Comprendre
ce qu'est une forteresse

N'importe quelle personne qui s'est convertie il y a plus de cinq minutes sait qu'un chrétien peut toujours continuer à pécher. Qui d'entre nous ne pourrait pas s'identifier au combat de Paul ?

Car je sais que le bien n'habite pas en moi, c'est-à-dire dans ce que je suis par nature. Vouloir le bien est à ma portée, mais non l'accomplir. Je ne fais pas le bien que je veux, mais le mal que je ne veux pas, je le commets. Si donc je fais ce que je ne veux pas, ce n'est plus moi qui le fais mais c'est le péché qui habite en moi. Lorsque je veux faire le bien, je découvre cette loi : c'est le mal qui est à ma portée. Dans mon être intérieur, je prends plaisir à la Loi de Dieu. Mais je vois bien qu'une autre loi est à l'œuvre dans tout mon être : elle combat la Loi qu'approuve ma raison et elle fait de moi le prisonnier de la loi du péché qui agit dans mes membres. Malheureux que je suis ! Qui me délivrera de ce corps voué à la mort? Dieu soit loué : c'est par Jésus-Christ notre Seigneur. En résumé : moi-même, je suis, par la raison, au service de la Loi de Dieu, mais je suis, dans ce que je vis concrètement, esclave de la loi du péché. (Romains 8.18-25)

Si donc la foi en Jésus-Christ nous rend « libres », pourquoi alors des chrétiens sincères qui aiment Dieu continuent à se battre contre des péchés persistants, des pensées de convoitise, l'orgueil, la dépression, la crainte, la colère et d'autres attitudes et comportements qui déplaisent à Dieu ? Est-ce que des chrétiens peuvent être tenus captifs par le péché d'une manière qui n'est pas résolue instantanément quand ils reçoivent le salut ? L'expérience nous indique que oui !

Paul décrit dans sa lettre aux Corinthiens comment notre pensée (et par conséquence nos vies) peut être assujettie par le péché, et comment nous pouvons retrouver la liberté :

2 Corinthiens 10.3-5 *Sans doute, nous sommes des hommes et nous vivons comme tels, mais nous ne menons pas notre combat d'une manière purement humaine. Car les armes avec lesquelles nous combattons ne sont pas simplement humaines ; elles tiennent leur puissance de Dieu qui les rend capables de renverser des forteresses. Oui, nous renversons les faux raisonnements ainsi que tout ce qui se dresse prétentieusement contre la connaissance de Dieu, et nous faisons prisonnière toute pensée pour l'amener à obéir au Christ.*

Ces passages nous montrent que nous sommes tenus captifs par une pensée erronée. Et nous restons emprisonnés par ces forteresses.

A. Qu'est-ce qu'une forteresse?

Voici un exemple concret :

Carnuntum

- Des scientifiques ont découvert par le moyen de radiographies le centre d'un camp militaire romain datant du premier siècle. Carnuntum était l'une des forteresses les plus stratégiques de l'empire Romain au Nord des Alpes.

- Une analyse détaillée a révélée un réseau étendu de restaurants, tavernes, bains et lieux de rencontres. Au sommet de sa puissance vers la fin du deuxième siècle, Carnuntum était habité par environ 50'000 personnes.

B. Qu'est-ce que c'est qu'une forteresse spirituelle?

(Selon 2 Corinthiens 10.35)

- Des « forteresses » sont des pensées, opinions, philosophies, attitudes, habitudes et valeurs qui résistent à la vérité de Dieu (entre autres les vérités bibliques au sujet de la vie selon le plan originel de Dieu).
- Ce sont des systèmes de raisonnements qui s'élèvent contre la connaissance de Dieu. Elles contredisent de manière arrogante le caractère, les commandements et la parole de Dieu et résistent à son amour.
- Cela fait partie de la stratégie de l'ennemi de tromper des personnes, des couples, des familles, des églises, des communautés et des cultures entières pour les conduire à croire et à valoriser ce qui est contraire à la vérité de Dieu. Il a cherché à nous conduire à nier la vérité de Dieu dès le début !
- Dans la mesure où nous refusons la vérité de Dieu – dans tous les domaines de la vie – nous donnons une occasion à Satan d'ériger une forteresse (une base pour ses opérations) dans nos vies.

La vérité de Dieu est absolue

- L'orgueil, l'autosuffisance et l'indépendance de Dieu font partie des caractéristiques typiques de tout ce qui s'élève contre Dieu.
- La vérité est plus qu'une connaissance acquise. Elle détermine littéralement la direction de notre vie. Jésus a dit : «Alors Jésus dit aux Juifs qui avaient mis leur foi en lui : Si vous vous attachez à la Parole que je vous ai annoncée, vous êtes vraiment mes disciples. Vous connaîtrez la vérité, et la vérité fera de vous des hommes libres.» (Jean 8.31-32)

C. Comment les forteresses spirituelles sont-elles construites?

Des forteresses sont établies quand nous permettons à l'ennemi d'occuper une « place » dans nos vies au travers du péché.

Le mot grec topos est traduit par « prise », « accès » ou « occasion » dans les traductions citées ci-dessous. Il s'agit d'un mot qui a une signification large, mais dont le sens de base est « place », « terrain » ou « territoire ». Dans son apparition la plus ancienne en singulier, il fait référence à un endroit défini. Plus généralement, il est utilisé pour parler d'un territoire, une région, un district, une ville ou un lieu d'habitation.

Topos peut aussi avoir la signification de droit légal. Un tel droit est donné à l'ennemi par notre péché, ou par une réaction pécheresse de notre part face à un péché d'autrui contre nous (voir Eph 4.26-27 ci-dessous). Notre mentalité est primordiale quand il s'agit de résister aux manoeuvres de l'ennemi (1 Pi 5.7).

Ephésiens 4.26-27 *(Semeur) « Mettez-vous en colère, mais ne commettez pas de péché; que votre colère s'apaise avant le coucher du soleil. Ne donnez aucune prise au diable. »*

Ephésiens 4.26-27 *(Louis Segond) « Si vous vous mettez en colère, ne péchez point; que le soleil ne se couche pas sur votre colère, et ne donnez pas accès au diable. »*

Ephésiens 4.26-27 *(Français courant) « Si vous vous mettez en colère, prenez garde à ne pas tomber dans le péché ; que votre colère ne dure pas jusqu'au soir. Ne donnez pas au diable l'occasion de vous dominer. »*

Ephésiens 4.26-27 *(TOB) « Etes-vous en colère ? Ne péchez pas ; que le soleil ne se couche pas sur votre ressentiment. Ne donnez aucune prise au diable. »*

D. Le processus de l'établissement d'une forteresse

- Chaque personne qui croit en Jésus et le suit, lui appartient. Néanmoins, par des péchés non reconnus et non-confessés, elle peut donner à l'ennemi une place ou un accès à sa vie.

- Satan construit ses forteresses en commençant par nos pensées. C'est pour cela que Paul dit que notre transformation en tant que croyant commence avec le renouvellement de notre pensée.

Romains 12.2 *Ne vous laissez pas modeler par le monde actuel, mais laissez-vous transformer par le renouvellement de votre pensée, pour pouvoir discerner la volonté de Dieu : ce qui est bon, ce qui lui plaît, ce qui est parfait.*

- Nos décisions sont basées sur nos pensées. Les décisions déclenchent des actions, et nos actions répétées deviennent des valeurs. Ces valeurs nous définissent de plus en plus et déterminent notre style de vie.

- Si les pensées à la base sont fausses, en fin de compte, nos décisions, nos actions, nos valeurs et notre style de vie ne seront pas en accord avec la vérité de Dieu. Une fois qu'on en est arrivé là, nous pouvons nous retrouver dans différents liens et dépendances, parce que Satan a construit une forteresse dans notre vie en utilisant la place ou l'accès que nous lui avons donné.

**Plan de construction
de forteresses démoniaques**

En imaginant ce diagramme comme un iceberg, nous pouvons voir que nos comportements sont seulement « la pointe de l'iceberg ». Ce sont les choses que l'on voit – les dépendances dont nous désirons désespérément être libérés, les péchés persistants dont nous aimerions nous débarrasser. Toutefois, ces choses sont enracinées de manière plus profonde et plus large dans nos vies, « sous l'eau » pour rester dans l'image. Cela commence par nos pensées les plus intimes.

E. De quoi les forteresses sont-elles faites ?

La liste ci-dessous contient des passages bibliques qui montrent le lien direct entre le péché et le royaume de Satan. Plus tard, nous allons aussi parler du rôle que joue notre chair (notre nature humaine) dans tout cela. En tout cas, nous avons en nous-mêmes une forte attirance vers le péché. Nous sommes responsables pour notre péché et nous ne pouvons blamer

Passage biblique	Points d'accès pour des démons
Ephésiens 4.26-27 *ne donnez pas accès au diable*	La colère
2 Timothée 2.24-26 *des pièges du diable, qui s'est emparé d'eux pour les soumettre à sa volonté*	Résister à la vérité de Dieu
Hébreux 2.14-15 *ceux qui, par crainte de la mort, étaient toute leur vie retenus dans la servitude* 2 Timothée 1.7	La crainte
Matthieu 16.23 *Arrière de moi, Satan !*	Résister aux plans de Dieu
Luc 9.54-56 *Vous ne savez de quel esprit vous êtes animés.*	Le jugement, la propre-justice
Actes 5.3 *pourquoi Satan a−t−il rempli ton cœur... ?*	L'hypocrisie, l'avarice, le mensonge
Jacques 3.14-15	L'amertume, l'esprit de dispute
Jean 8.43-45 *Vous avez pour père le diable, et vous voulez accomplir les désirs de votre père.*	Le meurtre, le mensonge
2 Corinthiens 2.10-11 *afin de ne pas laisser à Satan l'avantage sur nous*	Le non-pardon
Ephésiens 2.1-2	Suivre le train de ce monde
1 Corinthiens 10.20-21 *je ne veux pas que vous soyez en communion avec les démons*	L'idolâtrie
1 Timothée 5.13-15 *déjà quelques−unes se sont détournées pour suivre Satan*	L'intrigue, la médisance
1 Timothée 6.9	L'avarice
1 Timothée 1.19-20	Le viol de sa conscience, le blasphème
1 Corinthiens 5.1-5	L'immoralité sexuelle
2 Timothée 3.5; 2 Corinthiens 11.13-15	Les fausses religions, la fausse religiosité

personne d'autre. Quand nous nous tiendrons devant le Seigneur pour lui rendre des comptes sur notre vie sur terre, nous ne pourrons pas blâmer les démons pour notre péché. La responsabilité est la nôtre.

Néanmoins, le royaume de Satan est impliqué activement à tenter les gens et à les pousser à pécher. Les démons sont rusés et cherchent à utiliser toute ouverture ou tout droit que nous leur donnons pour agir contre nous !

II. Corps, âme et esprit – comment les forteresses sont établies

A. Les trois dimensions de l'être humain

En tant qu'êtres humains, nous sommes constitués d'un corps, d'une âme et d'un esprit.

1 Thessaloniciens 5.23 *Que le Dieu de paix vous rende lui-même entièrement saints et qu'il vous garde parfaitement esprit, âme et corps pour que vous soyez irréprochables lors de la venue de notre Seigneur Jésus-Christ.*
Hébreux 4.12 *Car la Parole de Dieu est vivante et efficace. Elle est plus tranchante que toute épée à double tranchant et, pénétrant jusqu'au plus profond de l'être, jusqu'à atteindre âme et esprit, jointures et moelle, elle juge les dispositions et les pensées du cœur.*

Cette distinction est nécessaire pour comprendre comment des mauvais esprits peuvent influencer les êtres humains. Quelle influence peuvent-ils avoir ?

Le schéma suivant montre les trois composantes bibliques de notre être et ce qui les caractérise :

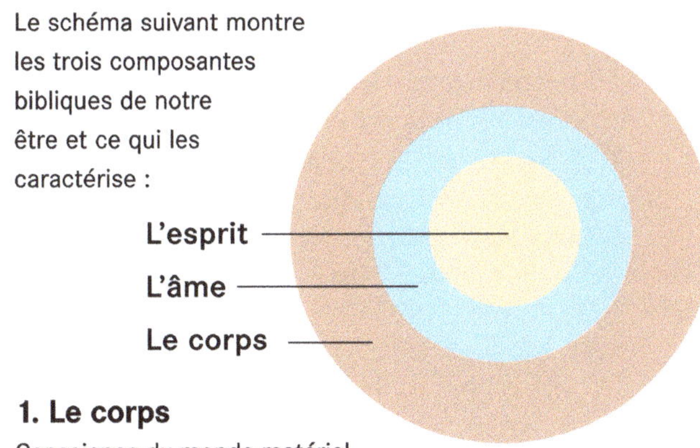

1. Le corps
Conscience du monde matériel
Cinq sens, santé physique et apparence

2. L'âme
Conscience de soi (personne intérieure)
Pensées, émotions et volonté

3. L'esprit
Conscience de Dieu

B. La vulnérabilité humaine face aux attaques démoniaques

L'esprit humain est spirituellement mort par rapport à Dieu et tout ce qui vient de lui (son action, sa parole, sa présence, sa voix). Mais une fois qu'une personne est née de nouveau, l'esprit humain est ravivé par Jésus-Christ et ancré en lui.

Ephésiens 2.1, 4, 5 *Autrefois, vous étiez morts à cause de vos fautes et de vos péchés... Mais Dieu est riche en bonté. Aussi, à cause du grand amour dont il nous a aimés, alors que nous étions spirituellement morts à cause de nos fautes, il nous a fait revivre les uns et les autres avec le Christ. C'est par la grâce que vous êtes sauvés.*

Tite 3.5 *S'il l'a fait, ce n'est pas parce que nous avons accompli des actes conformes à ce qui est juste. Non. Il nous a sauvés parce qu'il a eu pitié de nous, en nous faisant passer par le bain purificateur de la nouvelle naissance, c'est-à-dire en nous renouvelant par le Saint-Esprit.*

L'âme humaine est la cible préférée de l'ennemi pour établir ses forteresses. Nos pensées, nos émotions et notre volonté sont un territoire important sur lequel l'ennemi concentre ses efforts pour nous nuire.

Le corps humain est également vulnérable aux attaques démoniaques, ce qui peut conduire à des maladies et des infirmités physiques. Parfois, des problèmes de santé ont des causes purement physiologiques qui sont dues au fait que nos corps sont périssables. Néanmoins, des considérations bibliques et pratiques nous montrent qu'une maladie physique peut aussi être due à une activité démoniaque.

C. Comprendre les trois fronts du combat d'un chrétien

En tant que chrétiens, nous avons un combat à mener qui se déroule sur trois fronts : contre le monde, la chair et le royaume de Satan.

1. Le monde

Le monde n'est pas seulement fait de terre et d'air, d'eau et d'espace, mais il est un système ordré. Le « monde » est l'expression biblique pour parler du système ou de l'ordre selon lequel notre monde fonctionne, inspirés par Satan. Dans le monde que Dieu a créé, Satan a établi son propre système de pouvoir et ses propres systèmes de pensées destinés à corrompre le dessein de Dieu. Ces systèmes sont donc fondamentalement opposés à Dieu.

Cela s'exprime dans les philosophies, les valeurs et les visions du monde qui imprègnent les gens. Dans le domaine des divertissements, par exemple, il est facile de voir que de telles valeurs imprègnent la manière de représenter ce qui motive nos vies et leur donne un sens.

Jean 12.31 *C'est maintenant que va avoir lieu le jugement de ce monde. Oui, maintenant le dominateur de ce monde va être expulsé.*

Jacques 4.4 *Peuple adultère que vous êtes ! Ne savez-vous pas qu'aimer le monde, c'est haïr Dieu ? Si donc quelqu'un veut être l'ami du monde, il se fait l'ennemi de Dieu.*

2. La chair

Dans la terminologie biblique, « la chair » peut faire référence à la nature pécheresse de l'humanité qui est en révolte contre Dieu et contre ses voies. Tout comme le système de ce monde s'oppose à Dieu, la chair humaine le fait aussi. Satan utilise le système de ce monde avec ses convoitises et son orgueil pour provoquer notre chair à se révolter contre Dieu en attitudes et en actions.

Romains 8.5-7 *En effet, les hommes livrés à eux-mêmes tendent vers ce qui est conforme à l'homme livré à lui-même. Mais ceux qui ont l'Esprit tendent vers ce qui est conforme à l'Esprit. Car ce à quoi tend l'homme livré à lui-même mène à la mort, tandis que ce à quoi tend l'Esprit conduit à la vie et à la paix. En effet, l'homme livré à lui-même, dans toutes ses tendances, n'est que haine de Dieu : il ne se soumet pas à la Loi de Dieu car il ne le peut même pas.*

Galates 5.16-17 *Je vous dis donc ceci : laissez le Saint-Esprit diriger votre vie, et vous n'obéirez pas aux désirs qui animent l'homme livré à lui-même. Car ses désirs sont diamétralement opposés à ceux de l'Esprit ; et l'Esprit a des désirs qui sont à l'opposé de ceux de l'homme livré à lui-même. Les deux sont opposés l'un à l'autre, c'est pourquoi vous ne pouvez pas être votre propre maître.*

3. Le royaume de Satan

Satan et ses démons sont en opposition avec Dieu et toute sa création, ce qui inclut les personnes. Leur désir est de tenter, de séduire, d'opprimer et de tourmenter le peuple de Dieu. Ils cherchent à conduire les gens à blasphémer contre Dieu par leurs actions, à les ruiner et à les conduire à la mort. Jésus en revanche a puissamment et systématiquement délivré les gens de toute activité démoniaque.

Luc 6.17-19 *En descendant avec eux de la colline, Jésus s'arrêta sur un plateau où se trouvaient un grand nombre de ses disciples, ainsi qu'une foule immense venue de toute la Judée,* de Jérusalem et de la région littorale de Tyr et de Sidon. Tous étaient venus pour l'entendre et pour être guéris de leurs maladies. Ceux qui étaient tourmentés par des esprits mauvais étaient délivrés. Tout le monde cherchait à le toucher, parce qu'une puissance sortait de lui et guérissait tous les malades.*

Le passage d'Ephésiens 2.1-3 résume ce qui se déroule sur ces trois fronts dans la vie d'une personne qui n'est pas encore venue à Christ pour être sauvée :

Ephésiens 2.1-3 *Autrefois, vous étiez morts à cause de vos fautes et de vos péchés. Par ces actes, vous conformiez alors votre manière de vivre à celle de ce monde et vous suiviez le chef des puissances spirituelles mauvaises, cet esprit qui agit maintenant dans les hommes rebelles à Dieu. Nous aussi, nous faisions autrefois tous partie de ces hommes. Nous vivions selon nos désirs d'hommes livrés à eux-mêmes et nous accomplissions tout ce que notre corps et notre esprit nous poussaient à faire. Aussi étions-nous, par nature, destinés à subir la colère de Dieu comme le reste des hommes.*

Paul souligne que notre combat essentiel n'est pas contre la chair et le sang, mais contre les mauvais esprits qui cherchent à nous attaquer en utilisant notre propre chair et l'influence du système de ce monde.

Ephésiens 6.12 *Car nous n'avons pas à lutter contre des êtres de chair et de sang, mais contre les Puissances, contre les Autorités, contre les Pouvoirs de ce monde des ténèbres, et contre les esprits du mal dans le monde céleste.*

4. Une corde à trois brins

Une autre manière de décrire ce combat est de penser à une corde à trois brins qui nous entoure. Pour rompre cette corde qui nous tient liés, nous devons agir contre les trois brins et n'en négliger aucun.

1. **Le premier brin – le monde:** Renoncer aux mensonges du système de ce monde, et les remplacer par la vérité.
2. **Le deuxième brin – la chair:** Donner la mort à la chair en obéissant à la parole de Dieu et au Saint-Esprit.
3. **Le troisième brin – le royaume de Satan:** Prendre autorité sur Satan et ses démons.

D. Racines et fruits

L'apparition de forteresses spirituelles dans nos vies est comparable à de mauvais fruits sur un arbre. Ce fruit est enraciné dans la terre des fondements mêmes de nos vies. Si nous essayons simplement d'aborder les manifestations visibles dans notre comportement en nous en repentant et en cherchant à vivre différemment, c'est comme si nous étions en train de tailler des branches et d'enlever le mauvais fruit. Mais le fruit ne fait que repousser – et cela souvent rapidement, malgré tous nos efforts. Pour éliminer le mauvais fruit, il faut nous attaquer aux racines qui le produisent.

Cette analogie, illustrée ci-dessous, nous aide à comprendre la futilité de nos efforts humains pour nous libérer nous-mêmes des péchés persistants et de fausses actions et des fausses attitudes. Celles-ci nous empêchent de marcher dans le dessein de Dieu pour nos vies et de progresser pour ressembler davantage à Jésus-Christ.

Les fruits

- Manifestations visibles des forteresses

Le tronc

- La forteresse principale

Les racines

- La source qui a permis aux forteresses de se développer

Les racines d'une forteresse (donc les causes, pas les symptômes) se trouvent généralement parmi les suivantes :
- Expériences d'injustice
- Déficits d'amour
- Traumatismes
- Péchés générationnels
- Liens d'âmes
- Malédictions

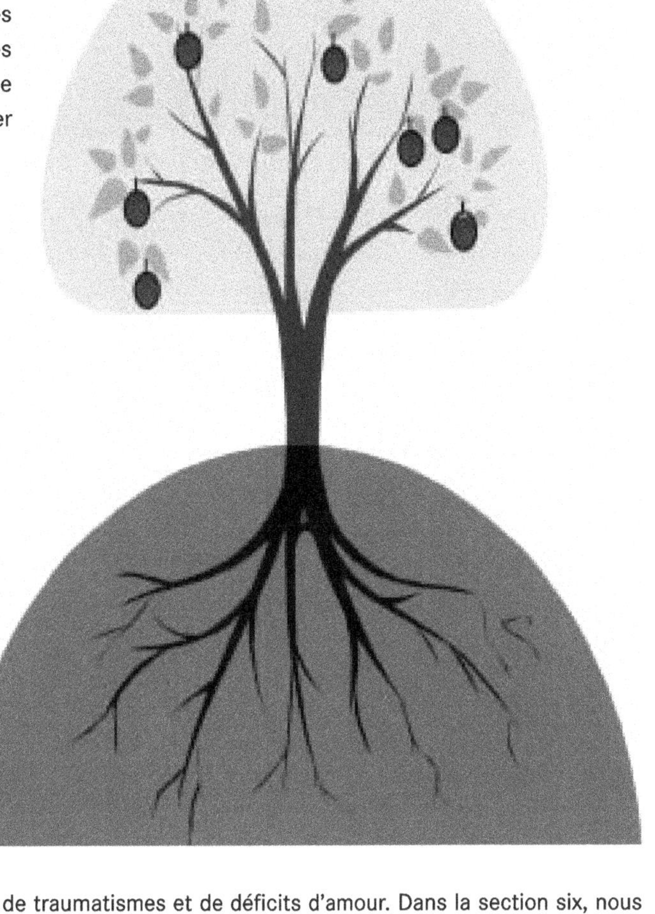

Dans ce chapitre, nous allons parler des racines d'injustices, de traumatismes et de déficits d'amour. Dans la section six, nous allons ensuite parler des racines des péchés générationnels, des liens d'âmes et des malédictions.

III. Forteresses en lien avec des expériences d'injustice et de traumatisme

A. Définir l'injustice

L'inustice peut être définie comme une blessure ou un traumatisme, souvent sous forme d'un rejet, d'un abandon ou d'une autre souffrance non justifiée. La personne qui en a été affectée n'a rien fait pour mériter ce mauvais traitement, et elle n'avait pas de moyens de s'y opposer. Il s'agit donc de circonstances qui se sont produites dans le passé et qui ne peuvent plus être changées.

B. Types d'injustices et de traumatismes

Malheureusement, les injustices et les traumatismes existent sous beaucoup de formes différentes. Ce qui suit n'est qu'une liste partielle :
- Accidents / blessures / maladies / décès
- Infidélité / séparation / divorce
- Abandon par les parents
- Favoritisme
- Abus verbal / émotionnel / physique / sexuel / spirituel
- Usage de drogue / d'alcool / de pornographie
- Discipline écrasante, violente ou manipulative
- Conséquences de maladies ou d'handicaps
- Vie instable dans l'insécurité / déplacement / déracinement
- Discrimination / intimidation
- Perte d'emploi

IV. Forteresses en lien avec un déficit d'amour

A. Démasquer les mensonges de l'ennemi

L'amour incroyable de Dieu pour nous
- L'arme la plus élémentaire que l'ennemi utilise contre nous est de nous faire croire que Dieu ne nous aime pas.
- La vérité est que Dieu nous aime d'un amour inconditionnel, infini et persévérant.
- Jean 17.21-23 précise que Dieu aime son peuple avec le même amour qu'il a envers son fils Jésus-Christ.
- Pour que nous puissions vivre libres, nous devons comprendre et saisir qui nous sommes en Jésus-Christ et comment Dieu nous voit dans son amour pour nous !

Romains 5.8 *Mais voici comment Dieu nous montre l'amour qu'il a pour nous : alors que nous étions encore des pécheurs, le Christ est mort pour nous.*

Romains 8.35–37 *Qu'est-ce qui pourra nous arracher à l'amour du Christ ? La détresse ou l'angoisse, la persécution, la faim, la misère, le danger ou l'épée ? Car il nous arrive ce que dit l'Ecriture : A cause de toi, Seigneur, nous sommes exposés à la mort à longueur de jour. On nous considère comme des moutons destinés à l'abattoir. Mais dans tout cela nous sommes bien plus que vainqueurs par celui qui nous a aimés.*

B. Marcher dans la puissance de Dieu en expérimentant son amour

- Si nous voulons pleinement expérimenter la puissance de Dieu, nous devons comprendre et recevoir l'amour immense de Dieu pour nous.

Ephésiens 3.14–21 *C'est pourquoi je me mets à genoux devant le Père, de qui dépendent, comme d'un modèle, toutes les familles des cieux et de la terre. Je lui demande qu'il vous accorde, à la mesure de ses glorieuses richesses, d'être fortifiés avec puissance par son Esprit dans votre être intérieur. Que le Christ habite dans votre cœur par la foi. Enracinés et solidement fondés dans l'amour, vous serez ainsi à même de comprendre, avec tous ceux qui appartiennent à Dieu, combien l'amour du Christ est large, long, élevé et profond. Oui, vous serez à même de connaître cet amour qui surpasse tout ce qu'on peut en connaître, et vous serez ainsi remplis de toute la plénitude de Dieu. A celui qui, par la puissance qui agit en nous, peut réaliser infiniment au-delà de ce que nous demandons ou même pensons, à lui soit la gloire dans l'Eglise et en Jésus-Christ pour toutes les générations et pour l'éternité. Amen !*

Pourquoi Paul estime-t-il tellement important que nous expérimentions l'amour incroyable de Christ ? Pourquoi a-t-il prié de telle manière pour les chrétiens éphésiens ? C'est parce que l'amour est tellement fondamental qu'il est indispensable pour pouvoir être une personne à part entière:

- Dieu est amour.
- Nous sommes créés à son image.
- Dieu ne peut pas nous aimer davantage demain qu'il ne le fait aujourd'hui, par contre nous pouvons entrer dans une plus grande révélation et expérience de son amour.
- Dieu se réjouit de nous.

Sophonie 3.17 *Car l'Eternel ton Dieu est au milieu de toi un guerrier qui te sauve. Il sera transporté de joie à ton sujet et il te renouvellera dans son amour pour toi. Oui, à cause de toi, il poussera des cris de joie, et il exultera.*

C. L'amour surnaturel de Dieu repousse l'ennemi

Ephésiens 2.4,6 *Mais Dieu est riche en bonté. Aussi, à cause du grand amour dont il nous a aimés... il nous a fait asseoir ensemble dans les lieux célestes, en Jésus-Christ.*

Zacharie 3.1-4 *Puis il me fit voir Josué, le grand-prêtre, qui se tenait debout devant l'ange de l'Eternel. Et l'Accusateur se tenait à sa droite pour l'accuser. L'Eternel dit à l'Accusateur : Que l'Eternel te réduise au silence, Accusateur ! Oui, que l'Eternel te réduise au silence, lui qui a choisi Jérusalem ! Celui-ci n'est-il pas un tison arraché au feu? Or, Josué était couvert d'habits très sales et il se tenait devant l'ange. L'ange s'adressa à ceux qui se tenaient devant lui et leur ordonna : Otez-lui ses vêtements sales ! Et il ajouta à l'adresse de Josué : Regarde, j'ai enlevé le poids de la faute que tu portais et l'on te revêtira d'habits de fête.*

D. Comment l'amour est transmis

Dieu nous a tous créé avec un besoin de 100% d'amour. L'amour est ce qui établit notre valeur, notre importance et notre sécurité. Cela fait partie du dessein originel de Dieu pour l'humanité que nous puissions expérimenter l'amour de manière tangible :

- par des gestes affectueux
- par une attention entière
- par du temps passé ensemble
- par des regards d'amour
- par l'écoute
- par des activités communes

- par des paroles de bénédiction et d'encouragement :
    - au sujet des dons et capacités d'une personne
    - au sujet de son cœur et son caractère
    - au sujet de son avenir

E. Mots-clés pour décrire les péchés qui produisent un déficit d'amour

- Le rejet : tout ce qui reste en dessous des 100% d'amour, d'affection, d'affirmation et de relation saine.
- L'abandon : quand des parents sont absents (pas forcément par leur propre faute).
- La déception : quand des parents sont indignes de confiance
- Retenir l'amour : quand des parents n'expriment pas d'amour ; ceci souvent à cause d'un manque d'estime de soi ou d'une incapacité relationnelle.
- L'abus:
    - physique
    - verbal
    - émotionnel
    - sexuel
- Le contrôle : quand des parents prennent trop de décisions pour et à la place de leurs enfants, les mettent sous pression ou les menacent.
- La manipulation : quand des parents empiètent sur la vie de leurs enfants par l'expression exagérée de leurs émotions, leurs besoins ou leurs demandes.
- La négligence : le manque d'attention et de soins
- L'amour conditionnel : l'amour et l'acceptation sont retenus jusqu'à ce que la conformité aux attentes des parents soit atteinte
- L'acceptation basée sur la performance: fausses attentes, besoin des parents de se valoriser au travers du succès ou des performances de leurs enfants.
- La domination : l'utilisation de la peur et l'intimidation pour contrôler quelqu'un.
- L'embarras : quand des parents utilisent la culpabilité ou la honte pour manipuler leurs enfants afin qu'ils se conforment à leurs désirs.

F. Réactions pécheresses aux déficits d'amour

1. Quand une personne est privée d'amour, le fondement pour son développement sain selon le dessein de Dieu est endommagé.

- ,Quand l'amour est retenu, il reste un sentiment de rejet.
- Quand on est privé de l'amour, on reste avec un sentiment d'insignifiance et d'insécurité.

- Une personne perdra son estime d'elle-même dans la mesure où elle a expérimenté un déficit d'amour dans sa vie.
- Les réactions et mécanismes de compensation que nous utilisons pour faire face à nos déficits d'amour vont influencer notre manière de nous voir nous-mêmes ainsi que les autres et cela va affecter notre personnalité.

2. Un déficit d'amour favorise des réactions pécheresses et conduit à des pensées et comportements immatures.

- Cela se manifeste de manière particulière durant nos années de croissance.
- Cela conduit au développement de schémas de comportement qui servent
    - à obtenir de l'amour ou de la valeur d'une manière inappropriée,
    - et / ou à construire un mur de protection pour se prémunir contre les blessures et le rejet
    - et / ou à obtenir de l'importance ou de la sécurité de manière inappropriée.

3. Plus longtemps une personne demeure dans ces réactions pécheresses, plus son identité en sera imprégnée.

- Ce sera progressivement plus difficile pour la personne de reconnaître ses problèmes et déficits, parce qu'elle aura développé des mécanismes de compensation pour gérer les dégâts émotionnels et spirituels dans ses relations.
- Cela conduit à un aveuglement partiel : normalement, nous sommes nous-mêmes les derniers à nous voir comme nous sommes réellement, mais les autres peuvent plus facilement discerner et nous montrer ce que nous n'arrivons pas à voir. Le Saint-Esprit peut aussi nous révéler ces choses.

**4. La plupart des gens réagissent par des péchés
qui sont soit principalement passifs soit principalement agressifs.**

Même si on ne trouve pas une réaction qui est à 100% d'un côté ou de l'autre – c'est plutôt un mélange des deux variantes – il y a normalement un côté prépondérant. Le schéma qui suit énumère quelques-unes des réactions pécheresses au manque d'amour et de vérité dans nos vies :

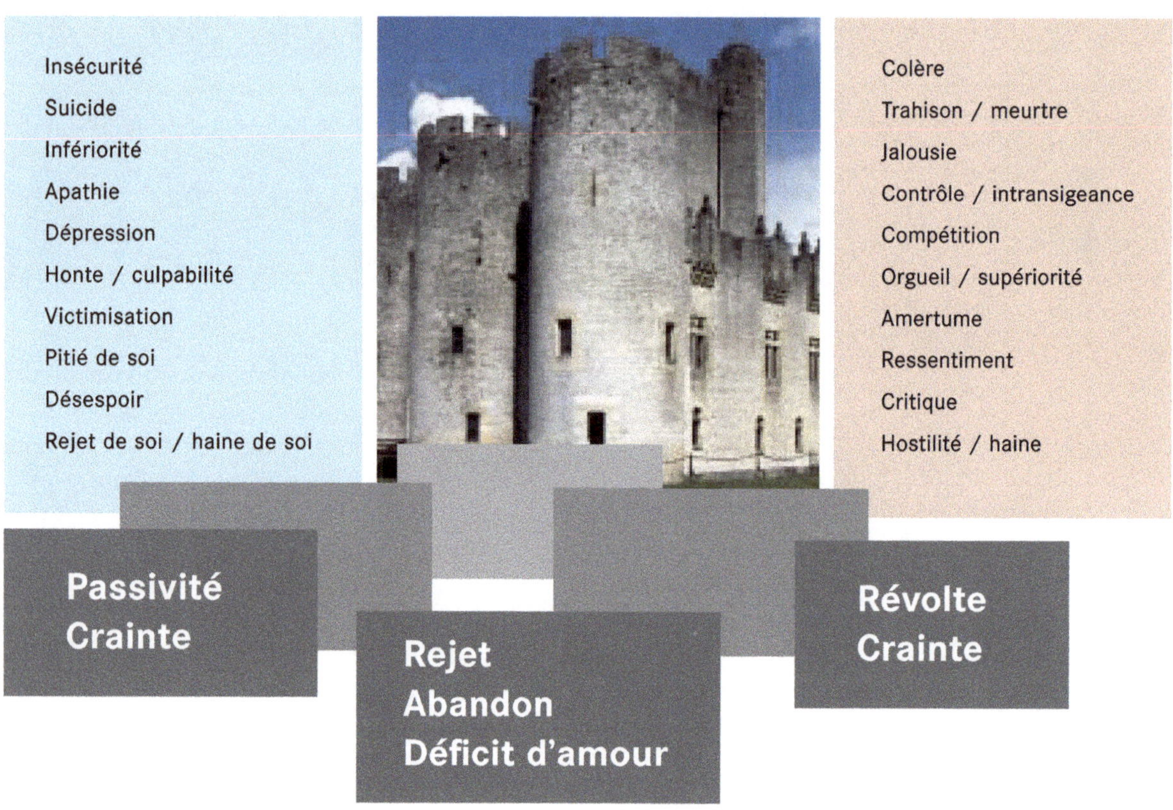

Remarque : la réaction pécheresse ultime du côté passif est le suicide, tandis que la réaction pécheresse ultime du côté agressif est le meurtre.

Conclusion

Une fois établies, des forteresses nous empêchent de vivre pleinement selon le dessein originel de Dieu pour nos vies. Elles nous empêchent de recevoir sa grâce et sa miséricorde, et de les transmettre à d'autres. Ils font obstacle à notre désir de vivre des vies remplies d'amour et de puissance pour étendre le Royaume de Dieu dans ce monde.

Heureusement, Dieu dans son amour et sa sagesse infinis nous a donné des directions précises et des armes puissantes pour nous permettre de vivre libre dans sa vérité et dans son amour. Dans la section suivante, nous allons identifier et examiner les vérités bibliques qui nous rendent capables de démanteler des forteresses et qui nous rendent libres pour vivre dans la plénitude de la vie et la puissance de Dieu !

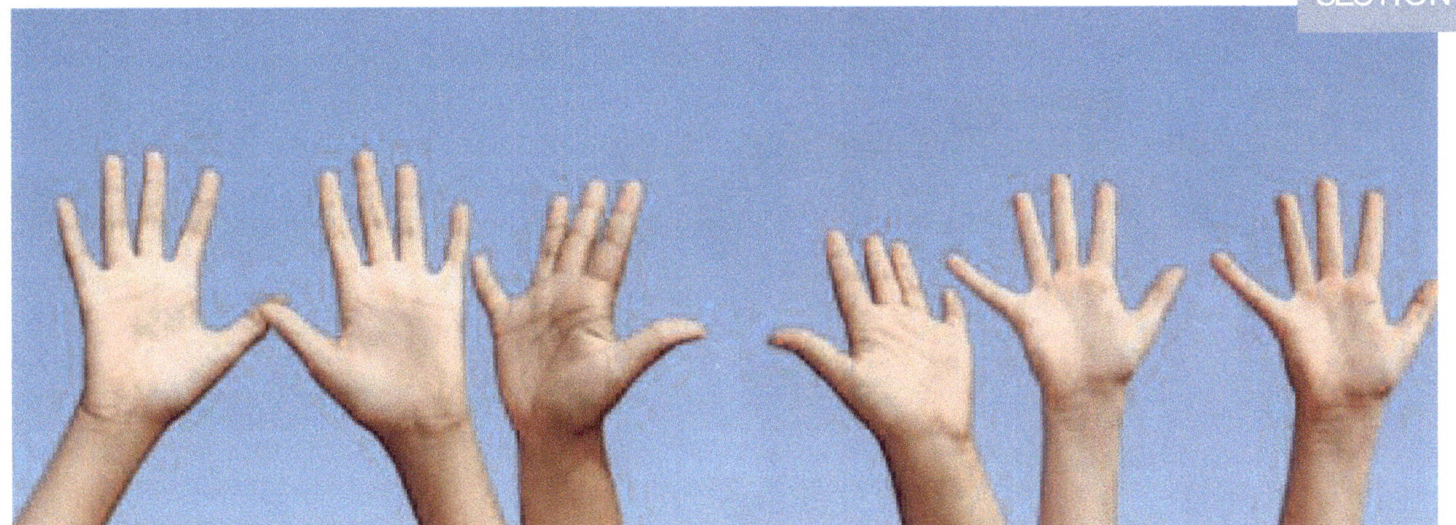

Section V :
Démanteler les forteresses

I. Aborder les racines d'une forteresse

Les forteresses dans nos vies n'émergent pas de nulle part. Comme nous l'avons appris dans la leçon précédente, l'apparition de forteresses spirituelles dans nos vies est comparable à de mauvais fruits sur un arbre. Ce fruit est enraciné dans la terre des fondements mêmes de nos vies. Le diagramme que nous avons introduit précédemment illustre les concepts spirituels des racines et des fruits qui se manifestent.

Les fruits

- Manifestations visibles des forteresses

Le tronc

- La forteresse principale

Les racines

- La source qui a permis aux forteresses de se développer

Les racines d'une forteresse (donc les causes, pas les symptômes) se trouvent généralement parmi les suivantes :

- Expériences d'injustice
- Déficits d'amour
- Traumatismes
- Péchés générationnels
- Liens d'âmes
- Malédictions

Si nous voulons réellement nous débarrasser du mauvais fruit dans nos vies, nous devons faire plus que simplement ôter le mauvais fruit. Nous devons identifier et arracher le tronc de l'arbre entier avec ses racines. Nous allons alors constater qu'une fois que nous avons résolu spirituellement tout ce qui concerne les racines et le tronc, les branches et les fruits qui nous ont posé problème tomberont plus facilement.

A. Nous combattons avec des armes spirituelles puissantes

- Nous vivons dans un monde de chair et de sang, mais notre combat est de nature spirituelle et doit être mené avec des armes spirituelles.
- Nous ne combattons pas contre des êtres de chair et de sang, mais contre des mauvais esprits (puissances des ténèbres). Les démons qui exécutent les plans de Satan ne font pas partie du monde naturel.

Souvenez-vous de ceci :

Ephésiens 6.12 *Car nous n'avons pas à lutter contre des êtres de chair et de sang, mais contre les Puissances, contre les Autorités, contre les Pouvoirs de ce monde des ténèbres, et contre les esprits du mal dans le monde céleste.*

II. S'approprier le don de la repentance

L'attitude fondamentale qui nous permet de détruire des forteresses dans nos vies s'appelle la repentance. La repentance, ce n'est ni une introspection maladive ni une morosité constante. La repentance est un don de Dieu et un privilège qui nous ouvre la porte vers le pardon, la vérité et la vie. (En parlant de la repentance comme d'un don, nous ne voulons pas affirmer que c'est quelque chose qui doit nous « tomber dessus ». Nous voulons plutôt souligner le fait que Dieu nous a ouvert par ce moyen-là l'accès au salut qui est un don que nous n'avons pas mérité.)

Actes 5.31 *Et c'est lui que Dieu a élevé pour siéger à sa droite, comme Chef suprême et Sauveur, <u>pour accorder à Israël la grâce de changer</u> et de recevoir le pardon de ses péchés.*

Actes 11.18 *Ce récit les apaisa et ils louèrent Dieu et dirent : Dieu a <u>aussi donné aux non-Juifs de changer pour recevoir la vie.</u>*

2 Timothée 2.24-25 *Or, il n'est pas convenable pour un serviteur du Seigneur d'avoir des querelles. Qu'il se montre au contraire aimable envers tout le monde, capable d'enseigner, et de supporter les difficultés. Il doit instruire avec douceur les contradicteurs. Qui sait si Dieu ne les amènera pas ainsi à changer d'attitude pour connaître la vérité ?*

Romains 2.4 *Ou alors, méprises-tu les trésors de bonté, de patience et de générosité déployés par Dieu, sans te rendre compte que sa bonté veut t'amener à changer ?*

A. Comprendre la repentance véritable

- Le mot grec pour la repentance est metanoia. Cela veut dire littéralement changement de la pensée. Une vraie repentance a des implications radicales, car elle nous détourne d'une chose pour nous orienter vers une nouvelle direction.
- La repentance transforme notre vie, nos valeurs, nos attitudes et nos actions. La véritable repentance biblique implique notre être entier – notre pensée, notre volonté et nos émotions. Elle nous mène à de nouvelles pensées et opinions, de nouvelles paroles et actions, et finalement à des émotions nouvelles.
- Il ne suffit pas simplement d'éprouver des regrets par rapport au péché. Nous devons changer nos valeurs, nos opinions et notre style de vie afin de nous détourner du péché. Nous devons comprendre que la repentance est un processus continuel.
- La Bible nous dit clairement qu'il est dangereux de ne pas remplacer nos péchés par un comportement juste. Si nous confessons nos péchés sans nous en détourner par la repentance, l'ennemi reviendra et réoccupera le terrain que nous lui avons laissé. Quand un terrain est libéré dans nos vies, il s'agit de ne pas le laisser en friche, mais de construire là-dessus par un nouveau comportement.

Matthieu 12.43-45 *Lorsqu'un esprit mauvais est sorti de quelqu'un, il erre çà et là dans des lieux déserts, à la recherche d'un lieu de repos et il n'en trouve pas. Il se dit alors : Mieux vaut regagner la demeure que j'ai quittée. Il y retourne donc et la trouve vide, balayée, et mise en ordre. Alors il va chercher sept autres esprits encore plus méchants que lui et les ramène avec lui. Ils envahissent la demeure et s'y installent. Finalement, la condition de cet homme est pire qu'avant. C'est exactement ce qui arrivera à ces gens de notre temps qui sont mauvais.*

B. Vivre la repentance

La Bible parle de la repentance comme étant un don accordé par Dieu (Actes 5.31, 11.18), une expression de sa bonté envers nous (Ro 2.4). Néanmoins, le mot repentance provoque parfois des réactions négatives et même virulentes. Malheureusement, la repentance est souvent mal comprise, négligée, crainte ou ignorée.

En réalité, la repentance est un cadeau merveilleux. Elle est le seuil par lequel nous entrons dans la puissance et la joie d'une vie transformée. Elle est la clé qui déverrouille l'accès à notre destinée dans le projet de Dieu. Elle nous fait entrer dans le renouvellement et la restauration. Une vie marquée par la repentance conduit au salut, à la vie et à la liberté.

L'apôtre Jacques décrit la condition de cœur qui est nécessaire pour expérimenter pleinement le bénéfice de la repentance. Ce cœur est caractérisé par l'humilité, la soumission, la confession, des actes justes de restitution et l'exercice de l'autorité en Christ par une résistance active.

1. Un cœur humble

Humiliez-vous:

Jacques 4.6 *Mais bien plus grande est la grâce qu'il nous accorde. Voici donc ce que déclare l'Ecriture : Dieu s'oppose aux orgueilleux, mais il accorde sa grâce aux humbles.*

Jacques 4.10 *Abaissez-vous devant le Seigneur, et il vous relèvera.*

2. Un cœur obéissant

Soumettez-vous à Dieu:

Jacques 4.7-9 *Soumettez-vous donc à Dieu, résistez au diable, (...) Approchez-vous de Dieu, et il s'approchera de vous. Nettoyez vos mains, pécheurs, et purifiez votre cœur, vous qui avez le cœur partagé. Prenez conscience de votre misère et soyez dans le deuil ; pleurez ! (...)*

3. Un cœur qui confesse et se repent

Confessez vos péchés:

Jacques 4.8b-9 *Nettoyez vos mains, pécheurs, et purifiez votre cœur, vous qui avez le cœur partagé. Prenez conscience de votre misère et soyez dans le deuil ; pleurez !*

4. Un cœur qui résiste au diable

Résistez au diable:

Jacques 4.7 *Soumettez-vous donc à Dieu, résistez au diable (...)*

5. La promesse: il fuira!

Jacques 4.7 *(...) résistez au diable, et il fuira loin de vous.*

C. Exercer l'autorité de Christ pour chasser l'ennemi

La repentance, comme nous venons de le souligner précédemment, est une transaction spirituelle. Une transaction spirituelle a lieu chaque fois que nous déclarons la vérité dans l'autorité de Jésus-Christ. Dans notre poursuite de la liberté, alors que nous reprenons le terrain que l'ennemi a occupé dans nos vies, nous pouvons aussi faire une transaction spirituelle en résistant à l'ennemi. Si nous exerçons notre autorité envers lui, le confrontons à la parole de Dieu et le chassons, la Bible nous promet qu'il fuira. Satan a fui quand Jésus l'a chassé, et ses démons vont aussi fuir si nous les chassons au nom de Jésus.

Jésus a démontré à de multiples reprises ce que signifie agir par l'autorité de Dieu. Il a montré que non seulement la puissance de Dieu résidait dans sa vie, mais qu'il avait aussi la compétence et le droit de l'utiliser. Et il n'a pas gardé cette autorité pour lui-même ; il l'a déléguée à ses 12 disciples et plus tard à ses 72 disciples.

Luc 9.1 *Jésus réunit les Douze et leur donna le pouvoir et l'autorité de chasser tous les démons et de guérir les malades.*

Luc 10.17-19 *Quand les soixante-douze disciples revinrent, ils étaient pleins de joie et disaient : Seigneur, même les démons se soumettent à nous quand nous leur donnons des ordres en ton nom ! Oui, leur répondit-il, je voyais Satan tomber du ciel comme l'éclair. Ecoutez bien ceci : il est vrai que je vous ai donné le pouvoir de marcher sur les serpents et les scorpions, et d'écraser toutes les forces de l'Ennemi, sans que rien ne puisse vous faire du mal.*

C'est la responsabilité de chaque disciple de Jésus-Christ de vivre dans cette vérité. Nous devons apprendre à utiliser nos armes spirituelles, exercer notre autorité et mener le combat dans les lieux célestes pour prendre le territoire de l'ennemi et pour dépouiller le royaume de Satan sur terre, en nous souvenant que :

a. c'est à cela que nous sommes appelés – à étendre le Royaume de Dieu en commençant par nos propres vies et nos sphères d'influence.

b. la vie et le ministère de Jésus est notre modèle et nous montre comment nous sommes appelés à vivre et comment l'église est censée fonctionner aujourd'hui.

c. nous devons être prêt à exercer l'autorité de Christ partout où l'œuvre de l'ennemi apparaît dans nos vies et autour de nous – même si cela se produit de manière inattendue.

D. Utiliser les « 4 R »

Ce qui suit est un modèle, c'est-à-dire une manière de se souvenir et de s'approprier les vérités que nous venons d'étudier qui nous permettent d'accéder à la liberté de Dieu au travers de transactions spirituelles dans une coopération divine-humaine.

1. Reconnaître et recevoir

(Reconnaître que nous avons péché, confesser nos péchés et recevoir le pardon du Seigneur.)

Soumettez-vous humblement à Dieu dans la repentance et recevez son pardon au travers de la mort et la résurrection de Jésus-Christ. Cela peut impliquer que vous deviez pardonner à d'autres ou leur demander pardon.

2 Chroniques 7.14 *Si alors mon peuple qui est appelé de mon nom s'humilie, prie et recherche ma grâce, s'il se détourne de sa mauvaise conduite, moi, je l'écouterai du ciel, je lui pardonnerai ses péchés et je guérirai son pays.*
Actes 3.19 *Maintenant donc, changez et tournez-vous vers Dieu pour qu'il efface vos péchés.*

2. Résister et renoncer

(Résister aux mauvais esprits et renoncer aux mensonges qui s'opposent à la vérité de Dieu.)

Résistez aux mauvais esprits en les bannissant des forteresses qu'ils ont construites dans votre vie par l'autorité et la puissance que Jésus a acquises pour vous par sa mort et sa résurrection. Renoncez, par l'autorité de Dieu, à tous les mensonges que vous avez crus au sujet de vous-mêmes, de Dieu et des autres.

Matthieu 4.10 *Alors Jésus lui dit : Va-t'en, Satan ! Car il est écrit : Tu adoreras le Seigneur, ton Dieu, et c'est à lui seul que tu rendras un culte.*

Luc 10.17, 19-20 *Quand les soixante-douze disciples revinrent, ils étaient pleins de joie et disaient : Seigneur, même les démons se soumettent à nous quand nous leur donnons des ordres en ton nom ! (...) Ecoutez bien ceci : il est vrai que je vous ai donné le pouvoir de marcher sur les serpents et les scorpions, et d'écraser toutes les forces de l'Ennemi, sans que rien ne puisse vous faire du mal. Toutefois, ce qui doit vous réjouir, ce n'est pas de voir que les esprits mauvais vous sont soumis ; mais de savoir que vos noms sont inscrits dans le ciel.*

3. Remplacer et renouveler

(Prendre un engagement à marcher dans la vérité et à renouveler notre pensée par la vérité.)

Approchez-vous de Dieu en vous séparant de tout mauvais comportement et en le laissant purifier vos attitudes et vos motivations de toute hypocrisie ou manque de loyauté dans votre relation avec lui. Remplacez ces choses par une détermination totale à aimer Dieu et à lui obéir. Demandez à Dieu de renouveler votre cœur, votre pensée, vos émotions et votre volonté avec l'aide du Saint-Esprit.

Ephésiens 4.22-24 *Cela consiste à vous débarrasser de votre ancienne manière de vivre, celle de l'homme que vous étiez autrefois, et que les désirs trompeurs mènent à la ruine, à être renouvelés par le changement de ce qui oriente votre pensée, et à vous revêtir de l'homme nouveau, créé conformément à la pensée de Dieu, pour mener la vie juste et sainte que produit la vérité.*

4. Recevoir et se réjouir

(Recevoir la plénitude du Saint-Esprit)

Demandez et recevez par la foi la plénitude et la puissance du Saint-Esprit pour marcher dans les voies de Dieu. Réjouissez-vous dans la grâce et la paix abondante qui vous sont données par le Saint-Esprit!

Tite 3.4-6 *Mais quand Dieu notre Sauveur a révélé sa bonté et son amour pour les hommes, il nous a sauvés. S'il l'a fait, ce n'est pas parce que nous avons accompli des actes conformes à ce qui est juste. Non. Il nous a sauvés parce qu'il a eu pitié de nous, en nous faisant passer par le bain purificateur de la nouvelle naissance, c'est-à-dire en nous renouvelant par le Saint-Esprit. Cet Esprit, il l'a répandu avec abondance sur nous par Jésus-Christ notre Sauveur.*

III. Le pardon est essentiel

A. Le pardon est une transaction spirituelle et une arme spirituelle puissante

Comme la repentance, le pardon est également une arme puissante dans les mains d'un disciple de Jésus. Nous sommes appelés à pardonner aux autres comme nous avons été pardonnés. Tout manque de pardon ouvre un accès à nos vies pour l'ennemi.

- Nous devons nous repentir de nos propres péchés, mais aussi pardonner à tous ceux qui ont péché contre nous.
- Comme nous avons été libérés par le pardon, nous avons aussi le privilège de libérer les autres en leur accordant notre pardon.

Matthieu 6.12-15 *Pardonne-nous nos torts envers toi comme nous pardonnons nous-mêmes les torts des autres envers nous. Garde-nous de céder à la tentation, et surtout, délivre-nous du diable. Car à toi appartiennent le règne et la puissance et la gloire à jamais. En effet, si vous pardonnez aux autres leurs fautes, votre Père céleste vous pardonnera aussi. Mais si vous ne pardonnez pas aux hommes, votre Père ne vous pardonnera pas non plus vos fautes.*

Matthieu 18.21-22 *Alors Pierre s'approcha de Jésus et lui demanda : Seigneur, si mon frère se rend coupable à mon égard, combien de fois devrai-je lui pardonner ? Irai-je jusqu'à sept fois ? Non, lui répondit Jésus, je ne te dis pas d'aller jusqu'à sept fois, mais jusqu'à soixante-dix fois sept fois.*

Colossiens 3.13 *Supportez-vous les uns les autres, et si l'un de vous a quelque chose à reprocher à un autre, pardonnez-vous mutuellement ; le Seigneur vous a pardonné : vous aussi, pardonnez-vous de la même manière.*

B. Comprendre le pardon

Le pardon libère la puissance et l'amour de Dieu dans nos vies. Il est tellement important que Jésus l'a commandé ! Comme pour tous les commandements de Dieu, notre responsabilité de pardonner à ceux qui nous ont fait du mal ou qui nous ont offensés est en fait nécessaire pour notre propre bien-être.

Parce que le pardon est tellement improtant, il est crucial pour nous de comprendre ce qu'il est – et ce qu'il n'est pas.
- Il ne s'agit pas d'approuver ou de justifier un acte d'injustice.
- Il ne s'agit pas de dire que l'offense, la blessure ou l'injustice est « ok ».
- Il ne s'agit pas de prétendre que nous n'avons pas été blessés ou brisés.

Pour pouvoir véritablement pardonner, nous devons identifier l'injustice ou le déficit d'amour et reconnaître sa portée réelle. C'est seulement suite à cela que nous pouvons pardonner réellement. Comme dans le cas d'une remise de dette, on ne peut la régler qu'après avoir calculé le total. Ainsi nous reconnaissons qu'une transgression a eu lieu, mais nous libérons le coupable de la nécessité de payer la dette. C'est ce que Jésus a fait pour nous.

A ce moment-là, il est important que nous remettions toute cette transaction à Dieu. Jésus a pardonné à ceux qui lui ont fait du mal et s'est entièrement confié à son Père, et nous devons faire de même. Dieu peut nous libérer des conséquences du mal qui nous a été fait, mais nous devons accepter de tout lui remettre, ce qui implique de ne plus chercher à faire payer les autres.

1 Pierre 2.22-23 *Il n'a commis aucun péché, ses lèvres n'ont jamais prononcé de mensonge. Injurié, il ne ripostait pas par l'injure. Quand on le faisait souffrir, il ne formulait aucune menace, mais remettait sa cause entre les mains du juste Juge.*

C. Le pardon est le remède contre l'amertume

L'une des stratégies primordiales que l'ennemi a utilisée contre l'humanité dès le début est de nous pousser à la colère et de nous piéger dans le cycle du péché, de colère et de non-pardon (voir Genèse 4.7 ; 2 Corinthiens 2.11 ; Ephésiens 4.26-27 ; 1 Pierre 5.8). Nous pouvons tous nous faire piéger dans ce cycle. Même si nous ne cherchons pas de manière active une vengeance envers une personne à laquelle nous avons manqué de pardonner, nous pouvons toujours fonctionner dans un cycle d'offense, de ressentiment et d'amertume. La seule manière de sortir du cycle est de pardonner entièrement à la personne concernée !

Nous pouvons intervenir et stopper ce cycle à n'importe quel moment – mais c'est plus facile de le faire immédiatement après que nous ayons été victimes d'une transgression ou d'une injustice, et avant que la blessure ne s'aggrave et que l'amertume ne puisse s'enraciner en nous. L'auteur de l'épître aux Hébreux a peut-être pensé à ce genre de cycle en écrivant cet avertissement : « Veillez à ce que personne ne passe à côté de la grâce de Dieu, qu'aucune racine d'amertume ne pousse et ne cause du trouble en empoisonnant plusieurs d'entre vous. » (Hébreux 12.15)

Il est possible que nous devions réaffirmer notre pardon à plusieurs reprises, chaque fois que des blessures dans nos cœurs remontent à la surface. Nous devons alors veiller à ne pas laisser d'accès à l'ennemi. Parfois, un incident particulier peut être tellement douloureux que nous devrons l'aborder à plusieurs reprises pour arriver au pardon. Si c'est ce qui est nécessaire, alors soyons persévérants ! Peut-être que Jésus a pensé à de telles situations quand il a dit à Pierre que nous ne devions pas seulement pardonner sept fois, mais soixante-dix fois sept fois. (voir Matthieu 18.21-22)

Comment pouvons-nous alors sortir de nos blessures et commencer à vivre dans la liberté du pardon ? Le schéma suivant illustre le cycle du non-pardon (qui peut être brisé à n'importe quel moment par le pardon biblique) :

D. Sortir du cycle destructeur de l'offense

Oui, nous pouvons le faire – nous sortons de ce cercle vicieux par le pardon. Nous pouvons nous imaginer l'acte du pardon comme le fait d'enlever une pierre d'une rivière bloquée. Toute offense ou amertume que nous gardons, aussi petite soit-elle, donne à l'ennemi le droit de déposer à cet endroit une pierre d'amertume ou de rancune. Après un certain temps, ces pierres vont progressivement encombrer le courant de notre cœur. Cela bloque l'action du Saint-Esprit dans notre vie et diminue notre capacité d'être en relation avec Dieu et les autres – aussi avec ceux que nous aimons le plus. Cela ne correspond pas au dessein originel de Dieu pour notre vie. Jésus dit que le plan de Dieu est que de nos cœurs jaillissent des sources de vie éternelle (voir Jean 4.14 et 7.38). Le pardon nous permet de reprendre le terrain que nous avons cédé à l'ennemi par le péché (l'offense) et il rétablit notre relation avec Dieu et les autres.

Le pardon est puissant, car :
• il déclenche des bénédictions divines
• il brise des influences spirituelles destructrices
• il nous libère pour expérimenter la puissance de Dieu dans une vie restaurée et renouvelée.
• il s'agit de « délier » (voir Matthieu 18.18).

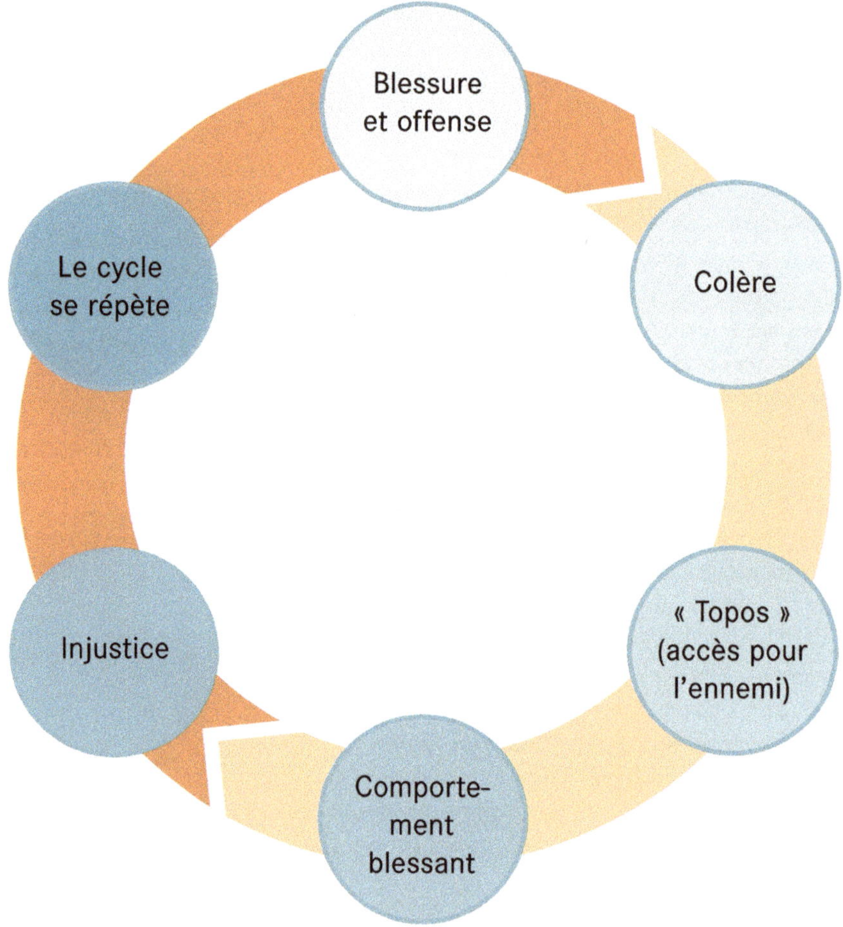

Accorder le pardon commence par la volonté de vivre la transaction qui transformera notre pensée ; souvent, les émotions suivent plus tard. Mais alors que l'action de Dieu dans nos vies s'intensifiera, nos émotions seront également touchées. Nous pourrons alors bénir ceux qui nous ont offensé et exprimer notre pardon par des actes. L'image suivante illustre le processus du pardon et démontre comment le pardon conduit à la vie et à la liberté prière étape.

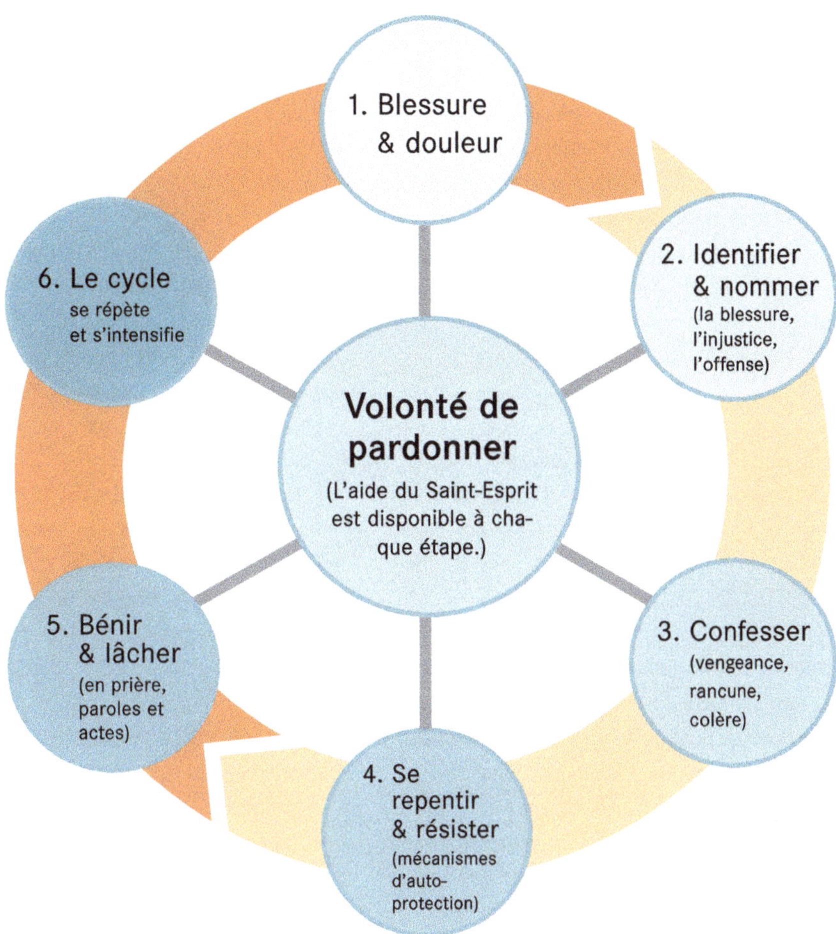

E. Renoncer au non-pardon dans la prière

La prière suggérée qui suit est un modèle et non une formule. Ce qui est important, c'est que notre prière vienne du cœur. Voici comment nous pouvons prier si nous désirons sortir du cycle destructeur de l'offense pour vivre dans la liberté du pardon :

« Père céleste, je t'apporte aujourd'hui ce que _____________ (untel) m'a fait : ___________ (nommez la personne et l'offense devant le Seigneur). Ce qu'il / elle a fait n'était pas juste. Aujourd'hui je décide de pardonner à ___________ et de le / la libérer de tout jugement de ma part. Je le / la place entre tes mains. Je renonce à tout désir de vengeance. Je choisis de ne pas chercher à le / la faire payer, ni de chercher son approbation, ni de chercher à le / la « sauver » en portant ses problèmes. Je te prie de m'aider par la puissance de ton Saint-Esprit à dépasser cette offense et à avancer dans une vie de joie et d'obéissance envers toi.

Je confesse aussi ma colère, ma rancune, mon amertume _____________ (nommez toutes les réactions pécheresses que vous avez eues à son égard) et je reçois ton pardon, Seigneur. Je repousse tous les esprits mauvais qui ont pu essayer de gagner un accès à ma vie en encourageant ma colère, mes ressentiments et mon amertume. Je refuse de leur laisser une place dans ma vie. Au nom de Jésus, j'ordonne à l'ennemi de cesser toute influence sur moi et de s'en aller loin de moi.

Seigneur, je te prie de venir et de me guérir, de me renouveler, de me restaurer et de remplir mon âme de ta vie et de ta paix. Je choisis de marcher dans ta liberté et dans ta grâce dans les jours qui viennent. Amen »

F. La restitution

La restitution est une composante importante de notre repentance si notre péché a occasionné une perte, une blessure ou une offense à quelqu'un d'autre. Elle est souvent une étape essentielle pour être libéré de l'influence (ou parfois carrément des liens) de l'ennemi dans nos vies. Sans elle, nous restons souvent attachés aux sentiments de honte, de culpabilité et de regret que l'ennemi utilise contre nous. Les relations entre nous et les personnes que nous avons offensées peuvent aussi rester bloquées jusqu'à ce que nous reconnaissions notre péché devant eux, leur demandons pardon et cherchons à rétablir le mal que nous avons commis du mieux que nous pouvons.

1. Le péché de Zachée

Dans la Bible, nous voyons l'application de ce concept dans la vie de Zachée en Luc 19.1-10. Il est intéressant de constater que le nom de Zachée signifie « juste » ou « pur ». L'histoire de Zachée montre non seulement ce qu'est la restitution, mais aussi comment il retrouve le dessein originel de Dieu pour sa vie.

Zachée est appelé « chef des collecteurs d'impôts » en Luc 19.2. Les collecteurs d'impôts en Israël aux temps de Jésus étaient des juifs qui percevaient les impôts pour les Romains. Ils étaient l'objet de la haine de leurs concitoyens qui les considéraient comme des traîtres qui aidaient les Romains à opprimer leur peuple. En plus de cela, ils étaient souvent corrompus et percevaient des impôts plus élevés que ce qui était prescrit, la différence allant dans leur propre poche.

2. La transformation de Zachée

Luc 19.8 *Mais Zachée se présenta devant le Seigneur et lui dit : Ecoute, Maître, je donne la moitié de mes biens aux pauvres et, si j'ai pris trop d'argent à quelqu'un, je lui rends quatre fois plus.*

Zachée a démontré la transaction spirituelle qui venait de se produire dans sa vie par des actes de restitution. Il allait rendre au quadruple tout ce qu'il avait volé. Ensuite il allait donner aux pauvres la moitié de ce qui lui restait. En faisant cela, Zachée allait plus loin que ce que Dieu avait demandé à Israël concernant la restitution – la grâce va normalement plus loin que la loi !

La restitution nous libère. Elle a un effet purificateur dans notre vie. Il s'agit simplement de redresser les torts que nous avons commis. Nous voyons que cela est clairement prescrit par Dieu pour Israël dans l'Ancien Testament et ensuite par Jésus dans le sermon sur la montagne.

Nombres 5.6-7 *Dis aux Israélites : Si un homme ou une femme cause du tort à quelqu'un d'autre, il se rend infidèle à l'égard de l'Eternel et doit être tenu pour coupable. Il avouera le péché qu'il a commis et restituera à la personne à qui il a causé du tort ce dont il l'a lésé en y ajoutant un cinquième de sa valeur.*

Matthieu 5.23-24 *Si donc, au moment de présenter ton offrande devant l'autel, tu te souviens que ton frère a quelque chose contre toi, laisse là ton offrande devant l'autel, et va d'abord te réconcilier avec ton frère ; puis tu reviendras présenter ton offrande.*

3. Conseils pratiques

* Identifiez les personnes à qui vous avez fait du mal, et comment. Demandez au Saint-Esprit de vous révéler ces choses, car il se peut que vous n'en soyez pas conscient (voir Psaume 139.23-24).
* Cherchez à comprendre les conséquences que vos actes ont eues pour les personnes concernées.
* Déterminez en quoi devrait consister la restitution et quelle est la meilleure manière de procéder. Demandez au Saint-Esprit de vous conduire. Il ne s'agit pas d'une punition pour vos péchés, mais d'une réponse à la conduite du Saint-Esprit.
* La restitution inclura probablement le fait de personnellement présenter vos excuses à la personne et de lui demander pardon pour vos actions. Il vaut mieux le faire en personne ou, si cela n'est pas possible, par téléphone. Evitez de le faire par écrit, parce que cela a tendance à documenter l'offense plutôt que de l'enlever.
* Entrez dans la conversation avec humilité et respect. Ne demandez pas et n'attendez pas que l'autre personne vous pardonne tout de suite. Cela peut prendre du temps. Et même si elle ne le fait pas, cela n'est pas de votre responsabilité – votre part est simplement de demander pardon et de faire restitution, autant que possible.

Certaines situations qui demandent une restitution peuvent être délicates et le fait même d'aborder la situation peut faire du mal ou avoir des conséquences indésirables. Une personne que vous avez gravement heurtée peut être incapable de vous pardonner et même de vous rencontrer. Dans de tels cas, il est préférable de d'abord chercher le conseil de responsables spirituels dans votre vie qui peuvent vous aider à bien traverser de telles situations. Mais ne permettez pas à la crainte de vous retenir et de vous empêcher d'accéder à la liberté qui vous attend ! La restitution est parfois une partie essentielle pour aborder les racines des forteresses qui nous lient et qui nous retiennent dans notre recherche de l'intimité avec Dieu et de vivre libre dans son amour et sa puissance.

G. Conclusion

Dieu nous a donné, à nous qui suivons Jésus par la foi, toutes les armes, toute l'autorité et toute la puissance nécessaire pour démanteler des forteresses spirituelles et pour vivre libéré des ruses et des liens de l'ennemi.

En résumé, démanteler des forteresses spirituelles et accéder à la liberté inclut les démarches suivantes :

- vivre un style de vie basé sur l'humilité et la repentance (ce qui inclut les 4-R décrits dans ce chapitre),

- identifier les « racines » des forteresses dans nos vies et utiliser des ressources spirituelles pour les éradiquer plutôt que simplement essayer d'enlever le mauvais « fruit » (les symptômes). (Cela nécessite des transactions spirituelles dans la prière.),

- prendre directement autorité, là où c'est nécessaire, sur les esprits démoniaques qui exploitent ces racines et les forteresses construites là-dessus pour nous maintenir liés,

- continuellement chercher à pardonner, à demander pardon et à faire restitution pour nos offenses, selon la conduite du Saint-Esprit.

Alors que nous vivons dans cette attitude de cœur devant Dieu et que nous éradiquons avec persévérance tout topos ou territoire de l'ennemi dans nos vies, nous allons effectivement démanteler ces forteresses. Nous serons alors de plus en plus libres pour recevoir l'amour de Dieu et pour marcher dans sa puissance selon son dessein originel pour nous. Nous serons comme la personne que la Bible décrit : comme un arbre bien enraciné, établi dans le Seigneur, et portant beaucoup de fruit pour son Royaume !

Psaume 1.3 *Il prospère comme un arbre planté près d'un courant d'eau ; il donne toujours son fruit lorsqu'en revient la saison. Son feuillage est toujours vert ; tout ce qu'il fait réussit.*

Section VI :
Péchés générationnels, liens d'âmes et malédictions

Parfois nous pouvons rencontrer des problèmes qui semblent résister à tout changement et toute guérison, non seulement parce qu'ils sont alimentés spirituellement par l'ennemi, mais aussi parce qu'ils sont de nature « générationnelle ». Tout comme l'ombre d'une personne peut causer une obscurité qui tombe sur une autre personne, les péchés des générations qui nous ont précédés peuvent avoir des répercussions sur nos vies aujourd'hui.

Le concept de péchés « générationnels » peut être difficile à saisir pour des chrétiens occidentaux, probablement parce que nous vivons dans une société très individualiste. Contrairement à des gens venant de cultures plus axées sur la communauté, nous avons de la peine à accepter que nous pouvons porter une responsabilité pour le comportement d'autres personnes. Nous avons tendance à nier que nos actions peuvent avoir un impact spirituel profond sur les gens qui nous entourent. Néanmoins, il est bibliquement et pratiquement évident que l'impact spirituel du péché peut être partagé par toute une famille ou une communauté et même passer d'une génération à la suivante.

I. Forteresses existantes depuis des générations

A. Fondements bibliques

- La Bible dit clairement qu'à la fois la bénédiction et la malédiction peut traverser les générations.
- L'exemple ultime est le fait que c'est au travers du péché d'Adam dans le jardin que toute l'humanité a hérité d'une nature pécheresse.

Romains 5.12 *Par un seul homme, le péché est entré dans le monde et par le péché, la mort, et ainsi la mort a atteint tous les hommes parce que tous ont péché.*

- Une autre manière d'exprimer cela serait de dire: je vis dans l'ombre de ce que les générations antérieures de ma lignée familiale ont vécu. Ma manière de vivre peut influencer et affecter les vies des générations qui me suivent.
- Des péchés générationnels peuvent contribuer au fait que certaines familles ou communautés ne semblent jamais réussir à sortir de cycles tels que celui de la pauvreté, des naissances hors-mariage et de la criminalité.
- Une forteresse ou un lien qui existe depuis des générations peut influencer une personne à être prédisposée à certains comportements ou émotions qui n'ont aucune raison apparente dans le domaine physique, parce que ces forteresses ont été établies lors de générations précédentes.
- Pour des gens de culture occidentale, ce phénomène est difficile à comprendre, parce que cela ne correspond pas à la vision du monde individualiste. Pourtant, le reste du monde, qui est d'une orientation plus communautaire, vit en tenant compte de cette réalité.

Exode 20.5-6 *Tu ne te prosterneras pas devant de telles idoles et tu ne leur rendras pas de culte, car moi, l'Eternel, ton Dieu, je suis un Dieu qui ne tolère aucun rival: je punis les fils pour la faute de leur père, jusqu'à la troisième, voire la quatrième génération de ceux qui me haïssent. Mais j'agis avec amour jusqu'à la millième génération envers ceux qui m'aiment et qui obéissent à mes commandements.*

Psaume 112.1-2 *Le bonheur des fidèles Louez l'Eternel ! Heureux l'homme qui révère l'Eternel et qui trouve un grand plaisir à mettre en pratique ses commandements. Sa postérité sera forte sur la terre et Dieu bénira les enfants du juste.*

Matthieu 27.24-25 *Quand Pilate vit qu'il n'aboutissait à rien, mais qu'au contraire, l'agitation de la foule augmentait, il prit de l'eau et, devant la foule, se lava les mains en disant : Je ne suis pas responsable de la mort de cet homme. Cela vous regarde. Et tout le peuple répondit : Que la responsabilité de sa mort retombe sur nous et sur nos enfants !*

Vivre libéré implique que nous ne vivions pas dans les schémas des péchés des générations précédentes. Nous pouvons sortir des ramifications de péchés générationnels. Par l'autorité de Christ et la puissance du Saint-Esprit, nous pouvons fermer tous les accès (« topos ») que l'ennemi a pu gagner dans nos vies par des forteresses érigées dans le passé dans nos familles.

B. Observation de notre lignée familiale

- Si nous regardons attentivement les générations de notre famille, nous allons reconnaître des schémas – positifs ou négatifs – qui traversent les générations.
- De tels schémas récurrents peuvent consister en péchés persistants, dépendances, problèmes de santé, problèmes relationnels, abus, etc.
- Il se peut que certains de ces schémas ne touchent que des hommes, d'autres que des femmes.
- De tels schémas récurrents ne sont pas simplement dus au hasard; il y a une dynamique spirituelle sous-jacente.

Comment pouvons-nous savoir si nous avons à faire à un péché générationnel ?

Voici quelques indicateurs possibles :

1. L'expérience
Le problème persiste malgré des essais de changement sincères de la part de la personne concernée. Rien ne semble vraiment aider (prière, relation d'aide, aide médicale…).

2. L'observation et les recherches
Le problème se manifeste aussi – dans des formes et degrés différents – dans les vies d'autres membres de la famille ou dans d'autres branches de la ligne de descendance. Des membres plus âgés de la famille confirment qu'il a été présent aussi dans des générations passées.

3. Le discernement
C'est un don du Saint-Esprit qui nous donne une sensibilité pouvant nous alerter qu' « il y a quelque chose qui cloche ». C'est probablement en utilisant ce discernement que Jésus a pu affirmer que le cas d'un homme aveugle n'était pas une conséquence de péchés générationnels :

Jean 9.1-3 *En partant, Jésus aperçut sur son chemin un homme qui était aveugle de naissance. Ses disciples lui posèrent alors cette question : Dis-nous, Maître, pourquoi cet homme est-il né aveugle ? Est-ce à cause de son propre péché ou de celui de ses parents ? Jésus répondit : Cela n'a pas de rapport avec son péché, ni avec celui de ses parents ; c'est pour qu'en lui tous puissent voir ce que Dieu est capable de faire.*

4. La révélation prophétique

Parfois, le Saint-Esprit montre clairement, dans la prière, à la personne elle-même ou à une autre, que la racine d'un problème remonte à une génération précédente. Il peut parler directement à la personne, ou à une autre. Il peut même révéler l'origine exacte du problème. Il est possible que le point d'accès se situe tellement loin que personne dans la génération actuelle ne s'en souvienne. En ce cas, nous pouvons prier sur la base de la révélation reçue (en étant conscients que la révélation prophétique est toujours partielle, 1 Co 13.9).

Forteresses générationnelles

Voici une liste (non complète) de symptômes et problèmes qui peuvent être liés à des forteresses qui remontent à des générations antérieures :

- ❏ sorcellerie / occultisme
- ❏ péchés religieux (orgueil religieux, fausses religions, sectes, fixation sur des expériences religieuses, …)
- ❏ mensonge, tromperie, vol
- ❏ dépendances
- ❏ péchés et abus sexuels
- ❏ adultère, pornographie
- ❏ les naissances hors-mariage
- ❏ fausses couches, avortements
- ❏ infertilité
- ❏ violence, colère, meurtre
- ❏ abus physique et verbal
- ❏ troubles de l'alimentation
- ❏ jeux d'argent
- ❏ divorces
- ❏ suicides
- ❏ faiblesses
- ❏ peurs, attaques de panique
- ❏ dépressions, maladies psychiques
- ❏ insécurité financière, endettement

Observations sur ma lignée familiale :

____

____

____

____

C. Démanteler des problèmes générationnels

La Bible dit clairement que chaque personne porte individuellement la culpabilité de ses propres péchés. Néanmoins, elle révèle également que des familles et des communautés portent les conséquences spirituelles des péchés commis parmi elles. Quand un membre de la famille ou de la communauté confesse ces péchés et invoque le pardon de Dieu, l'accès est alors fermé pour l'ennemi.

Si vous réalisez que vous vivez sous l'ombre de forteresses ou mécanismes de péchés se reproduisant de génération en génération, vous pouvez être encouragés : Dieu pourvoit un moyen puissant pour vous libérer de cette emprise sur votre vie, votre famille, votre église, votre ministère ou votre entreprise. Il cherche des gens qui sont prêts à se tenir « sur la brèche » (Ezéchiel 22.30) pour leurs familles, leurs églises et leurs communautés. Quand des individus assument avec foi le devoir de repentance pour des péchés commis lors de générations précédentes, Dieu honore et bénit ces prières.

Lévitique 26.40-42 *Alors ils reconnaîtront leurs fautes et celles de leurs ancêtres, leurs rébellions contre moi et la résistance qu'ils m'auront opposée. C'est à cause de cette résistance que je m'opposerai à eux et que je les enverrai dans le pays de leurs ennemis. Si alors leur coeur incirconcis s'humilie et qu'ils reconnaissent que leur châtiment est juste, j'agirai en fonction de mon alliance avec Jacob, de mon alliance avec Isaac, et de mon alliance avec Abraham, et j'interviendrai en faveur du pays*

Néhémie 1.6; 9.1-2 *Prête attention à la prière de ton serviteur ! Que tes yeux soient ouverts pour voir que je suis en prière devant toi en ce moment, jour et nuit, pour intercéder en faveur de tes serviteurs les Israélites et pour confesser leurs péchés. Car nous avons péché contre toi. Oui, moi et mon peuple, nous avons péché. (...)Le vingt-quatrième jour du même mois, les Israélites, revêtus d'habits de toile de sac et la tête couverte de poussière, s'assemblèrent pour un temps de jeûne. Ceux qui étaient Israélites de souche s'étaient séparés de tous les gens d'origine étrangère ; puis ils se présentèrent pour confesser leurs péchés et ceux de leurs ancêtres.*

Daniel 9.8-11 *Seigneur, la honte couvre notre visage, celui de nos rois, de nos chefs et de nos ancêtres, parce que nous avons péché contre toi. Mais toi, Seigneur notre Dieu, tu as de la pitié et tu pardonnes, alors que nous nous sommes révoltés contre toi. Nous ne t'avons pas obéi, Eternel notre Dieu, nous n'avons pas vécu selon les lois que tu nous as données par tes serviteurs les prophètes. Tout le peuple d'Israël a transgressé ta Loi et s'est détourné pour ne pas entendre ta voix. Alors la malédiction et toutes les imprécations inscrites dans la Loi de Moïse, ton serviteur, se sont déversées sur nous, parce que nous avons péché contre Dieu.*

Daniel a pris sur lui la responsabilité de se repentir pour les péchés de son peuple. Sa prière eu des répercussions importantes dans les cieux, et des anges parmi les plus puissants ont été envoyés pour lui apporter une réponse (voir Daniel 9.1-9 ; 10.12-14). Néhémie aussi a assumé dans la prière la repentance pour son peuple (voir Néhémie 1.4-7). Cela a abouti au fait qu'il a pu conduire tout son peuple à la repentance. Jérusalem a été reconstruite et le peuple s'est à nouveau engagé à honorer Dieu et à lui obéir.

- Les conséquences des péchés d'une génération peuvent avoir un impact sur la génération suivante. Celle-ci doit assumer la responsabilité de ses propres péchés. Mais si elle s'identifie aux péchés de leurs ancêtres, les confesse et s'en détourne, elle peut être libérée des liens et des malédictions qui sont liés à ces péchés.

- Pour briser le pouvoir des péchés générationnels, nous pouvons utiliser la même démarche dans la prière (les « 4 R ») proposée au premier et deuxième chapitre de ce manuel, mais nous devons alors inclure les générations précédentes dans notre prière. Nous devons alors nommer le péché spécifique / la forteresse que nous avons identifiée comme étant de nature générationnelle, y renoncer et nous en séparer.

II. Liens d'âmes

Il y a des liens légitimes et sains qui font partie du plan de Dieu pour nos vies. Cela inclut les relations entre conjoints, entre parents et enfants, entre pasteurs et membres d'églises, entre parents spirituels et leurs enfants spirituels. Mais même dans des relations qui sont bibliquement légitimes, un lien inapproprié peut se développer. Cela se manifeste par des composantes malsaines et indésirables qui se développent dans et autour de ces relations. Ces composantes sont les symptômes que nous avons décrits en parlant des forteresses : la peur, la colère, le contrôle, la honte, la fausse culpabilité, les tendances auto-destructrices etc.

« Vivre libéré » nécessite de couper ces liens relationnels invisibles mais bien réels qui nous contrôlent. Si nous faisons cela, nous serons capables d'être en relation avec les autres sans être entravés par des jougs émotionnels et spirituels alimentés par l'ennemi.

A. Comprendre les liens d'âmes

- L'expression « lien d'âmes » n'apparaît pas en tant que telle dans la Bible, mais la réalité de ce qu'elle décrit se trouve bien dans la Bible.

- Nous l'utilisons pour décrire une relation qui se déroule en dehors des normes bibliques dans un ou plusieurs domaines. Cela conduit à une influence relationnelle malsaine.

- Souvent, une telle relation est accompagnée d'une dynamique spirituelle influencée par des mauvais esprits qui a des effets nocifs sur la ou les personnes concernée(s).

- Les passages bibliques qui suivent illustrent cette vérité. Le récit de la Genèse fait référence à la relation de Jacob avec son fils cadet Benjamin, au moment de négociations entre Joseph et ses frères au sujet des provisions. Le passage dans Galates montre comment l'apôtre Pierre a été influencé d'une manière erronée par crainte des autres croyants de Jérusalem.

Genèse 44.30-31 *Maintenant donc, si je retourne auprès de ton serviteur mon père sans ramener avec nous le jeune homme auquel il est tellement attaché, quand il constatera son absence, il mourra, et tes serviteurs seront responsables de l'avoir fait mourir de douleur dans son grand âge.*

Galates 2.11-13 *Mais, lorsque Pierre est venu à Antioche, je me suis opposé ouvertement à lui, car il avait tort. En effet, avant l'arrivée de quelques personnes de l'entourage de Jacques, il prenait part aux repas communs avec les frères non-juifs ; mais après leur venue, il s'est esquivé et s'est tenu à l'écart, parce qu'il craignait les croyants d'origine juive. Comme lui, les autres chrétiens d'origine juive se sont mis, eux aussi, à cacher leurs véritables convictions, au point que Barnabas lui-même s'est laissé entraîner par leur dissimulation.*

B. Quatre caractéristiques de liens d'âmes malsains

1. Des liens d'âmes peuvent se développer suite à un péché.

- Des péchés sexuels : des relations sexuelles avant ou hors mariage, homo-sexualité ou autres pratiques sexuelles en opposition avec les plans de Dieu.

- Des péchés spirituels: occultisme, relations dominées par des expériences religieuses ; vœux, serments ou alliances faites dans le cadre d'ordres religieux ou groupements sectaires.

2. Des liens d'âmes peuvent se développer au travers d'une confiance, d'une peur ou d'un désir d'approbation inappropriés.

La crainte des hommes, c'est le fait d'accorder à l'approbation d'autres personnes une place plus importante qu'à l'approbation de Dieu.

Cela peut devenir dangereux :

- si nous devenons dépendants d'autres personnes au point de craindre leur opinion davantage que d'être dépendant de Dieu et d'écouter ce qu'il pense de nous.
- si nous sommes manipulés par les opinions, désirs ou finances d'autres personnes de sorte que nous ne pouvons plus nous épanouir en tant que personne et / ou si nous ne sommes plus libres de mener une vie selon les plans de Dieu.
- si nous acceptons l'influence d'autres personnes (même quand il s'agit de nos parents ou conjoints) aveuglément, sans discerner objectivement si cette influence est juste et biblique. (Dans ce cas, la passivité risque de nous entraîner vers des conclusions qui ne sont pas en accord avec la vérité.)

3. Des liens d'âmes peuvent être causés par de l'abus ou des blessures

- Ces abus ou ces blessures peuvent être de nature mentale, émotionnelle, sexuelle et / ou physique.
- Les abus de toutes sortes peuvent affecter les pensées, les émotions et la volonté d'une personne – et ils peuvent créer un lien spirituel destructeur.

4. Les liens d'âmes empêchent l'épanouissement de la personne

- Ils créent des problèmes tels que le contrôle, la manipulation, l'égocentrisme, la honte, etc.
- La Bible déclare que certaines relations sont malsaines – parce que ces relations créent des liens destructeurs.
- Des « liens d'âmes » provoquent la confusion, le trouble, l'angoisse, la honte, la culpabilité et / ou des sentiments d'oppression.

C. Démanteler des liens d'âmes et expérimenter la liberté

1. Identifier la cause ou la source du lien

2. Couper le lien

Quand la source se trouve dans un péché personnel :
- Nous confessons ce péché.
- Nous proclamons dans la prière que nous coupons ce lien dans l'autorité de Jésus-Christ, sur la base de son sang versé pour nous. Nous pouvons procéder selon les « 4 R ».

Quand la source se trouve dans une blessure ou un abus que l'on a subi :
- Nous accordons notre pardon au coupable et nous le bénissons (nous prions pour son bien).
- Confesser tout péché de réaction tel que l'amertume, le ressentiment, la colère, etc.
- Nous proclamons dans la prière que nous coupons ce lien dans l'autorité de Jésus-Christ, sur la base de son sang versé pour nous. Nous pouvons procéder selon les « 4 R ».

Voici l'exemple d'une telle prière :

Seigneur, dans l'autorité de Jésus-Christ, grâce à son sang versé pour moi et à sa résurrection, je coupe le lien spirituel avec __________. Je déclare que je suis libre de vivre en soumission à toi seul et à tes plans. J'ordonne à l'ennemi à lâcher toute emprise sur cette relation, au nom de Jésus, et je lui interdis de continuer à influencer cette relation, quelle que soit la manière. Je refuse dorénavant de me laisser dominer par des pensées qui me tourmentent, par des émotions blessées, par la honte, la culpabilité, le contrôle ou la crainte, à cause de cette personne. Je délie __________ de tout lien malsain avec moi et je me sépare de tout lien malsain avec lui / elle. Je pardonne à __________, je le / la bénis, et je le / la confie entre tes mains. Amen.

III. Malédictions

Les lignes qui suivent sont tirées d'un article intitulé « Briser le pouvoir de la sorcellerie » qui figurait en première page du bulletin de nouvelles d'une ONG (« Food for the Hungry », de juillet 2002) :

« Des sorciers et des malédictions – cela semble être de la matière pour les films de Hollywood. Mais malheureusement, la croyance dans le surnaturel exerce une grande influence sur la vie des gens dans plusieurs parties du monde. A Gorongosa, au Mozambique, l'influence de la sorcellerie est telle qu'elle est considérée comme la deuxième cause de mortalité. Les sorciers ont même créé une association qui défend leurs intérêts. Parce que la sorcellerie est une partie intégrante de la communauté, elle est très difficile à combattre, de même que la peur qu'elle engendre. Des pasteurs qui enseignent la parole de Dieu sont persécutés et menacés de mort. »

Dans le monde occidental, la plupart des gens considèrent les malédictions comme faisant partie du monde folklorique, des contes ou de Walt Disney. C'est plutôt les peuples du Tiers-Monde qui ont tendance à les prendre au sérieux. Mais en tant qu'occidentaux, nous avons tendance à reléguer ces choses dans la catégorie des mythes, des légendes populaires ou de la superstition. Nous nous croyons plus éclairés ou plus sophistiqués que ceux qui y croient. Les malédictions n'ont rien à voir dans une vision biblique des choses ! Mais est-ce bien vrai ?

A. Comprendre les malédictions – bibliquement et pratiquement

1. Ce que la Bible en dit

- ,La Bible a beaucoup de choses à dire au sujet des malédictions – beaucoup plus que ce que nous pouvons aborder dans le cadre de ce cours.
- La Parole de Dieu nous donne à la fois une promesse et un commandement. La promesse se trouve dans **Proverbes 26.2** : « Une malédiction injustifiée reste sans effet, elle est comme le moineau qui s'enfuit ou l'hirondelle qui s'envole. »
- Le commandement de Jésus au sujet des malédictions se trouve dans **Luc 6.28** : « Appelez la bénédiction divine sur ceux qui vous maudissent ; priez pour ceux qui vous calomnient. »

2. Définition

Malédiction (selon Wikipédia, fr.wikipedia.org)

- La malédiction est un état de malheur inéluctable qui semble imposé par une divinité, le sort ou le destin.
- La malédiction est aussi un rituel appelant les puissances divines à exercer leur action punitive contre un individu ou un groupe d'individus, objet de cette malédiction.

Maudire (selon Wictionnaire, fr.wiktionary.org)

- Lancer des imprécations contre quelqu'un pour qu'il lui arrive du mal.
- Réprouver.
- Détester une chose, exprimer l'horreur qu'on en a.

3. Description

Dans les sociétés anciennes, les gens croyaient que l'on pouvait prononcer une malédiction sur ses ennemis en engageant des divinités ou des êtres surnaturels pour l'exécuter. De cette manière-là, on pensait pouvoir leur infliger toutes sortes de malheurs, de maladies ou de calamités. Etonnamment, cette compréhension des choses est confirmée dans la Bible. Noé, par exemple, a invoqué une malédiction sur Canaan et une bénédiction sur Sem et Japhet (Genèse 9.25-27), et les développements consécutifs ont confirmé ses paroles.

La malédiction était comprise comme une entité, une force ou une énergie qui s'exprime par des dégâts et qui est donc à craindre et à éviter. Une malédiction était perçue non seulement comme l'expression d'un désir de nuire à ses ennemis, mais comme ayant une puissance réelle qui transforme les paroles prononcées en des résultats tangibles.

4. Causes et portes d'entrées de malédictions

a) Péchés générationnels

- Une malédiction peut être la conséquence d'une mauvaise action, d'un péché persistant, et / ou d'une pratique occulte d'une génération précédente.
- Même des paroles prononcées dans une génération antérieure peuvent poser une malédiction sur une génération suivante.

2 Samuel 3.28-29 Quand David apprit ce qui s'était passé, il s'écria : Je suis à jamais innocent devant l'Eternel, moi ainsi que mon royaume, du meurtre d'Abner, fils de Ner. Que la responsabilité de ce meurtre retombe sur Joab et sa famille ! Qu'il ne cesse d'y avoir parmi ses descendants quelqu'un qui soit atteint d'un flux ou de la lèpre, ou qui s'appuie sur des béquilles, ou qui meure par l'épée, ou qui manque de nourriture !

2 Samuel 21.1 Pendant le règne de David, une famine sévit pendant trois années. David en demanda avec instances la raison à l'Eternel, et l'Eternel lui répondit : Cela arrive parce que Saül et sa famille sanguinaire ont fait périr les Gabaonites.

Josué 6.26 *A la même époque, Josué prononça ce serment solennel : Maudit soit devant l'Eternel celui qui tentera de rebâtir cette cité, de reconstruire Jéricho. C'est au prix de son fils aîné qu'il posera ses fondations, et au prix de son fils cadet qu'il fixera ses portes.*

1 Rois 16.34 *C'est sous son règne qu'un certain Hiel de Béthel rebâtit Jéricho. La pose des fondations coûta la vie à son fils aîné Abiram et lorsqu'on en posa les portes, son cadet Segoub mourut. Cela arriva conformément à la parole que l'Eternel avait prononcée par l'intermédiaire de Josué, fils de Noun.*

b) Contact avec des objets maudits ou impurs

- L'ennemi peut obtenir un droit sur une famille ou une communauté au travers de pratiques ou d'objets idolâtres.
- L'utilisation ou la possession d'objets maudits qui ont été utilisé dans un culte démoniaque ou comme objet occulte peuvent attirer une malédiction.

Ezechiel 44.23 *Ils apprendront à mon peuple à discerner entre ce qui est saint et ce qui est profane, ils lui feront connaître la différence entre ce qui est impur et ce qui est pur.*

- Ces objets doivent alors être identifiés, abandonnés et détruits pour révoquer le droit que l'ennemi a acquis et pour rétablir la liberté de vivre dans la présence et la puissance de Dieu.

Actes 19.18-20 *Beaucoup de ceux qui étaient devenus croyants venaient avouer et déclarer publiquement les pratiques auxquelles ils s'étaient livrés. Et beaucoup de ceux qui avaient exercé la magie apportèrent leurs livres de sorcellerie, les mirent en tas et les firent brûler aux yeux de tous. Leur valeur fut estimée à cinquante mille pièces d'argent. C'est ainsi que la Parole du Seigneur se répandait de plus en plus, grâce à la puissance du Seigneur.*

c) Endroits maudits

- Il y a des lieux religieux qui sont infestés de démons. Si l'on visite de tels lieux lors de voyages, ou si l'on emporte des objets de ces endroits, cela peut créer des problèmes.

Deutéronome 7.25-26 *Vous brûlerez les statues de leurs dieux. Ne cède pas à la tentation de récupérer l'argent ou l'or qui les recouvre ! Ne le prends pas ! Cela pourrait constituer un piège pour toi, car c'est une abomination pour l'Eternel ton Dieu. Tu n'introduiras donc pas dans ta maison une abomination, car tu te mettrais avec elle sous le coup de la malédiction. Tu la tiendras pour une chose réprouvée, tu l'auras en abomination, car elle est sous la malédiction.*

d) Implication dans des rituels démoniaques ou pratiques impures

- Des malédictions peuvent êtres dues à une implication dans des jeux démoniaques, de la musique ou des rituels occultes. Ces derniers incluent les planches ouija, les séances spiritistes, la projection astrale, la télépathie, l'adoration de démons, etc.

Ezechiel 8.9-10 *Il me dit : Entre et regarde les horreurs abominables qu'ils commettent ici ! J'entrai et je regardai, et voici que je vis, dessinées sur la paroi tout autour, toutes sortes de représentations de reptiles et de bêtes répugnantes et toutes les idoles de la communauté d'Israël.*

- Des malédictions attachées à des lieux spécifiques peuvent être la conséquence d'actes qui y ont été commis dans le passé (abus, viol, meurtre, ...).

e) Paroles prononcées

- Des paroles peuvent être – consciemment ou inconsciemment – une invitation à l'ennemi et donc constituer un droit pour lui d'accéder à notre vie.
- Des paroles – de bénédiction ou de malédiction – peuvent puiser leur énergie du monde invisible.

Proverbes 18.21 *La mort et la vie sont au pouvoir de la langue : vous aurez à vous rassasier des fruits que votre langue aura produits.*

- L'apôtre Jacques considère des paroles blessantes comme des malédictions.

Jacques 3.8-10 *Mais la langue, aucun homme ne peut la dompter. C'est un fléau impossible à maîtriser ; elle est pleine d'un venin mortel. Nous nous en servons pour louer le Seigneur, notre Père, et nous nous en servons aussi pour maudire les hommes, pourtant créés pour être ceux qui lui ressemblent. De la même bouche sortent bénédiction et malédiction. Mes frères, il ne faut pas qu'il en soit ainsi.*

Nous pouvons prononcer des paroles de malédiction sur nous-mêmes :

- « Je suis bête… »
- « Je ne réussirai jamais… »
- « Je serai toujours pauvre… »
- En chantant des chants d'un contenu destructeur.

Nous pouvons aussi prononcer de telles paroles sur d'autres, telles que :

- ❐ « Quel plouc ! »
- ❐ « Tu es toujours maladroit... Tu as deux mains gauches... »
- ❐ « Froussard ! »
- ❐ « Idiot» (et d'autres insultes)
- ❐ ou des surnoms moqueurs.

Voici quelques situations susceptibles de générer des malédictions :

- ❐ Paroles négatives au sujet de nous-mêmes.
- ❐ Malédictions prononcées par des personnes d'autorité (parents, enseignants, supérieurs).
- ❐ Malédictions prononcées par jalousie, durant des disputes, par médisance ou calomnie.

B. Annuler les malédictions et expérimenter la liberté

1. Enlever les droits, fermer la porte d'entrée

Nous confessons tous les péchés qui ont pu donner un accès à l'ennemi (en priant selon les « 4 R ») et nous pardonnons à toute personne qui nous a blessé ou a pu prononcer une malédiction contre nous.

2. Déclarer la liberté

1. Nous confessons tous les péchés (ainsi que tous les péchés générationnels selon besoin) qui ont donné à l'ennemi un accès (« topos ») à notre vie, en priant selon les « 4 R ».

2. Sur la base du pardon que Dieu promet à tous ceux qui confessent leurs péchés, et du fait qu'une malédiction injustifiée reste sans effet, nous demandons à Dieu d'enlever la malédiction qui pèse sur notre vie.

3. Nous refusons la malédiction et nous ordonnons au nom de Jésus à tous les esprits démoniaques associés à cette malédiction de nous quitter.

Voici comment nous pouvons prier :

Seigneur, dans l'autorité de Jésus-Christ, grâce à son sang versé pour moi et grâce à sa résurrection, je prends autorité sur cette malédiction __________. Je déclare qu'il n'y plus de raison dans ma vie pour qu'elle reste valable, je la refuse et la brise au nom de Jésus !

3. Refuser toute malédiction illégitime

Il peut s'agir de malédictions prononcées contre nous, soit par des gens que nous connaissons, soit par des gens qui sont activement impliqués dans le royaume de Satan et qui nous lancent des malédictions simplement parce que nous sommes chrétiens. Ces malédictions ne sont donc pas liées à des péchés de notre part ; c'est pourquoi l'étape de la repentance n'est pas nécessaire. Nous pouvons simplement refuser ces malédictions.

Proverbes 26.2 *Une malédiction injustifiée reste sans effet, elle est comme le moineau qui s'enfuit ou l'hirondelle qui s'envole.*

1ère étape : En parlant à haute voix, nous prenons autorité sur la malédiction et nous ordonnons au nom de Jésus qu'elle soit brisée. Voici comment nous pouvons prier:

Dans l'autorité de Jésus-Christ, grâce à son sang versé pour moi et grâce à sa résurrection, je prends autorité sur cette malédiction ___________ et j'ordonne qu'elle soit annulée et brisée.

2ème étape : Nous refusons la malédiction et nous ordonnons au nom de Jésus à tous les esprits démoniaques associés à cette malédiction de nous quitter.

3ème étape : Nous pardonnons à tous ceux qui ont pu prononcer des malédictions contre nous et nous les bénissons.

1 Corinthiens 4.12-13 *Nous nous épuisons à travailler de nos propres mains. On nous insulte ? Nous bénissons. On nous persécute ? Nous le supportons. On nous calomnie ? Nous répondons par des paroles bienveillantes. Jusqu'à maintenant, nous sommes devenus comme les déchets du monde et traités comme le rebut de l'humanité.*

4. Purifier sa vie et son logement de tout objet ou pratique impurs

Josué 24.15 *Quant à moi et à ma famille, nous adorerons l'Eternel.*

5. Marcher dans l'esprit opposé – dans la liberté et la puissance de la bénédiction

Romains 12.14 *Demandez à Dieu de faire du bien à ceux qui vous persécutent : oui, demandez du bien pour eux, ne demandez pas du mal !*

- Si nous bénissons généreusement d'autres personnes dans la prière, Dieu les bénit – et nous aussi.
- Des paroles qui édifient, encouragent et fortifient sont utilisés par Dieu. Il les utilise pour toucher la vie d'autres personnes lorsque nous invoquons son nom sur eux.
- Lorsque nous prononçons une bénédiction, nos paroles et la puissance de Dieu agissent ensemble. Nous devenons alors un canal pour la puissance de Dieu, comparable à un paratonnerre qui devient un canal pour l'électricité. Un paratonnerre sert comme conducteur pour la foudre et conduit l'électricité au bon endroit. De la même manière, nos paroles de bénédiction peuvent conduire la puissance de Dieu à toucher d'autres vies.

Nous pouvons donc prendre les malédictions associées à des péchés générationnels, des liens d'âmes et des paroles de malédiction, les briser et les remplacer avec la grâce, la bénédiction, la puissance et l'amour de Dieu. C'est ainsi que se manifeste la victoire de Dieu. Il nous permet de vivre libéré des stratagèmes de Satan qui cherche à nous éloigner de la destinée que Dieu a prévu pour nous. Vivre libéré, c'est beau !

Galates 5.1 *Le Christ nous a rendus libres pour que nous connaissions la vraie liberté. C'est pourquoi tenez bon et ne vous laissez pas réduire à nouveau en esclavage.*

Ressources

Dans cette partie, vous trouverez des ressources qui vous aideront dans la suite de votre cheminement vers la liberté en Christ. Les pensées et conseils, ainsi que les passages bibliques, sont destinés à vous aider à comprendre et à saisir l'extraordinaire amour de Dieu pour vous et son plan pour votre vie. Lorsque votre pensée est transformée, votre vie change !

Romains 12.2 *Ne vous laissez pas modeler par le monde actuel, mais laissez-vous transformer par le renouvellement de votre pensée, pour pouvoir discerner la volonté de Dieu : ce qui est bon, ce qui lui plaît, ce qui est parfait.*

Ci-dessous, nous avons décrit six domaines dans lesquels des forteresses peuvent s'établir :

1. La colère

2. La peur et l'incrédulité

3. L'infériorité et l'insignifiance

4. La passivité

5. Le rejet

6. La honte et le désespoir

Vous pouvez parcourir cette liste tout seul, avec un partenaire de prière ou dans le cadre d'un petit groupe. Permettez au Saint-Esprit de vous montrer comment des forteresses ont été établies dans ces domaines de votre vie. Certaines églises qui proposent des cours « Living free – vivre libére » offrent également la possibilité d'un rendez-vous avec une équipe de prière formée pour vous aider à aborder ces sujets dans la prière. Nous aimerions vous encourager à profiter de cette occasion, si elle vous est donnée. Sans doute allez-vous être béni et encouragé dans votre cheminement par les prières et le soutien de vos frères et sœurs en Christ.

N'oubliez pas que vivre libre ne veut pas dire que nous n'aurons plus jamais à faire face à de tels problèmes. Vivre libre veut dire que ces problèmes ne pourront plus nous dominer !

Galates 5.1 *Le Christ nous a rendus libres pour que nous connaissions la vraie liberté. C'est pourquoi tenez bon et ne vous laissez pas réduire à nouveau en esclavage.*

La colère

La Bible nous dit que la colère a un potentiel de destruction – pour notre propre vie et aussi notre entourage. Mais le plan de Dieu pour nous est que nous soyons libres, ce qui implique que nous ne soyons pas contrôlés par notre colère.

Proverbes 29.11 *Le sot donne libre cours à toutes ses passions, mais le sage les retient et les calme.*

Vous serez peut-être surpris en apprenant que la plupart du temps, la colère n'est pas une émotion primaire. Il s'agit très souvent d'une émotion « secondaire », ce qui veut dire qu'elle est déclenchée et alimentée par d'autres éléments sous-jacents, par exemple des blessures telles que l'injustice, la trahison, l'abandon, le rejet, l'amertume, etc. Beaucoup de gens vivent avec une colère sous-jacente qui colore tout ce qu'ils voient, entendent et expérimentent. Certains sont en proie à des accès de colère incontrôlables. La colère est un bon indicateur pour montrer qu'il y a un problème plus profond ou plus large qui doit être abordé.

Il est évident que la colère est un sujet trop vaste pour être réglé en une seule fois ; ce chapitre est donc une introduction. Ce que vous apprendrez ici vous permettra de comprendre la dynamique de la colère et des forteresses qui peuvent y être liées. Vous pourrez aussi faire des pas importants pour commencer à démanteler ces forteresses. Cela vous équipera pour continuer un cheminement progressif vers la liberté envers les forteresses de colère et de non-pardon.

I. Les racines de la colère

L'injustice

L'injustice peut être définie comme une blessure non méritée qui peut nous arriver sous forme d'un rejet et / ou d'une souffrance. Nous réalisons alors que nous n'avons rien fait qui justifierait ce traitement et que nous manquions d'une protection qui pouvait l'empêcher. Souvent, ces évènements se situent dans le passé et ne peuvent plus être changés.

Normalement, l'injustice se manifeste en nous par une colère cachée, accompagnée par la tristesse. Nous croyons qu'il est justifié de continuer à nous accrocher à ces sentiments, à cause du mal qui nous a été infligé. Nous avons l'impression d'avoir le droit d'être fâché, triste ou amer.

Mais souvent, alors que nous progressons dans notre cheminement vers la liberté, nous devenons capables de voir une image plus complète de ce qui s'est passé. C'est à ce moment que nous prenons conscience de l'injustice. Nous entrons dans la liberté, quand notre compréhension partielle est remplacée par une pleine révélation, et quand nous accordons un pardon entier et profond à tous ceux qui nous ont causé du mal. C'est alors que nous pouvons lâcher le passé, ce qui inclut aussi le fait de lâcher le droit d'avoir des réponses aux « pourquoi nous avons traversé telle ou telle situation ». Nous abandonnons le droit d'être en colère, amers et offensés.

L'injustice peut avoir un impact énorme sur notre vie. Sans nous en rendre compte, nous pouvons vivre constamment sous l'ombre d'une injustice (réelle ou perçue comme telle) et de ses conséquences. Pour accéder à la liberté, il est important que nous puissions faire face à toutes les tensions et émotions causées par l'injustice et les exprimer.

Le non-pardon

Il y a souvent un lien direct entre le non-pardon et les injustices dans nos vies. Le non-pardon nous conduit alors à vivre avec des blessures non guéries. Il produit des fruits d'amertume, de colère et de révolte, qui permettent à l'ennemi d'établir des forteresses dans nos vies. C'est une fois libéré de ces liens occasionnés par le non-pardon que nous pouvons recevoir la guérison. L'amour de Dieu pourra alors couler librement au travers de nos vies vers les autres.

Le pardon est nécessaire quand nous avons été blessés, par l'injustice ou une autre cause. Une dette doit être payée avant que la réconciliation et la restauration puissent avoir lieu. Cette dette peut être de nature émotionnelle, relationnelle, financière ou physique. Elle peut concerner notre réputation ou les conséquences d'une trahison ou encore autre chose. De toute manière, quelqu'un a une dette à notre égard.

Pour pardonner, nous devons décider que nous voulons libérer ceux qui nous ont fait du mal (de leur obligation envers nous). Nous n'attendons plus que les personnes concernées s'acquittent de leur dette. C'est exactement ce que Jésus a fait quand il nous a libéré de la dette de nos péchés commis envers lui.

II. Reconnaître la colère

Ce qui suit est un questionnaire destiné à vous aider à être libéré des liens qui résultent d'injustices, de non-pardon et de colère. La première partie devrait vous aider à reconnaître à quel point vous êtes affecté par la colère. Marquez les cases appropriées :

- ❑ Parfois je me sens assez bien, et puis tout à coup je change d'humeur.
- ❑ Quand j'aimerais communiquer quelque chose qui me tient particulièrement à coeur, j'élève fortement la voix.
- ❑ Souvent je suis impatient avec les autres et je m'énerve en pensant: « Pourquoi n'y comprennent-ils rien ? »
- ❑ Souvent je pressens comment d'autres vont se comporter ; et je me fâche quand cela s'accomplit réellement.
- ❑ Je me fâche quand d'autres n'arrivent pas à lire mes pensées. J'aimerais bien que les autres pensent comme moi et qu'ils puissent prévoir ce dont j'ai besoin.
- ❑ Je m'énerve quand ma contribution n'est pas valorisée.
- ❑ Je m'énerve quand j'ai l'impression de ne pas être respecté ou que mes paroles ne sont pas prises au sérieux.
- ❑ Je sais que je suis en colère en écoutant la conversation intérieure dans ma tête (je me maudis moi-même ou les autres).
- ❑ Je sais que je suis en colère quand je ne veux pas entendre ce que l'autre me dit.
- ❑ Je me fâche quand je ne suis pas une priorité pour les autres.
- ❑ Je m'irrite quand je ne reçois pas ce dont j'ai besoin.

- ❑ Je m'irrite quand d'autres ne font pas ce que je leur ai demandé.
- ❑ Je m'irrite quand je ne peux pas contrôler une situation donnée.
- ❑ Je m'irrite quand d'autres pensent que j'ai commis une erreur.
- ❑ Je m'irrite quand j'ai l'impression d'être stressé par mon travail, mes finances, mes engagements ou les attentes des autres.
- ❑ Je me défends volontiers, ainsi que d'autres personnes.
- ❑ Je vois facilement les erreurs des autres.
- ❑ Je cherche des occasions de ressortir des sujets blessants du passé.
- ❑ Je remarque que je parle souvent de manière négative ou critique au sujet des autres.
- ❑ La phrase « Je ne mérite pas cela! » me passe souvent par la tête.
- ❑ Je dis que j'ai pardonné, mais en fait je continue à ressasser les sujets en question dans mes pensées.
- ❑ Je suis facilement frustré au sujet des défauts et des manquements des autres.
- ❑ Je m'impatiente facilement.
- ❑ J'ai l'impression que ma vie est plus difficile que celle des autres. Je pense souvent que mon lot est particulièrement difficile.

Le pardon est le remède contre la colère. C'est pour cela qu'il est important de comprendre et d'expérimenter d'abord le pardon de Dieu pour nos propres péchés. Dieu a décidé de ne pas nous punir pour nos péchés mais de nous pardonner (Psaume 103.12; Esaïe 43.25; 55.7).

Le non-pardon exige un paiement. Quand quelqu'un nous a blessé ou offensé, notre sens de justice demande que nous soyons compensés de manière appropriée. Si la personne concernée ne peut ou ne veut pas « payer », nous avons le choix soit de nous mettre en colère et de ressentir de l'amertume au sujet de cette injustice, soit de pardonner et de recevoir la paix.

Le pardon ne nous vient pas naturellement, en particulier quand quelque chose nous a causé un grand tort ou dommage. Cependant, si nous choisissons de libérer celui qui nous a offensés en lui pardonnant, nous sommes nous-mêmes libéré des conséquences liées au fait de s'accrocher à des attitudes destructrices. Une manière de mesurer si nous avons véritablement pardonné ou non est notre capacité de bénir pleinement, avec l'aide du Saint-Esprit, la personne qui nous a offensé.

La partie suivante est destinée à vous aider à identifier les injustices que vous avez expérimentées, et / ou d'identifier les domaines où il y a encore du non-pardon dans votre vie, en commençant par votre famille d'origine. Cette liste est simplement un outil qui devrait vous aider à vivre libre de la colère et du ressentiment. Demandez au Saint-Esprit, comme David l'a fait : « Sonde-moi, ô Dieu, pénètre mon coeur, examine-moi, et pénètre les pensées qui me bouleversent ! Considère si je suis le chemin du mal et dirige-moi sur la voie de l'éternité ! » (Psaume 139.23-24)

Père (Père biologique ou beau-père)

Est-ce que les choses suivantes ont eu lieu dans la relation avec votre père ?

❏ Désespoir: punition ou discipline excessive qui vous a brisé intérieurement

❏ Contrôle / manipulation

❏ Manque de couverture spirituelle: est-ce que votre père a veillé sur l'atmosphère spirituelle dans la maison?

❏ Négligeance: Est-ce que votre père était attentif à vos besoins?

❏ Abandon: Est-ce qu'on vous a placé constamment devant la télévision ou vous a-t-on confié à d'autres personnes?

❏ Rejet: Est-ce que vous étiez un enfant désiré? Est-ce que vous avez été accepté par votre père ? Est-ce que vous aviez l'impression de ne pas être la personne désirée par vos parents ? (p.ex. s'ils désiraient un enfant de l'autre sexe)

❏ Passivité: Est-ce que votre père a pris l'initiative dans la famille? Est-ce qu'il a permis à votre mère d'entrer dans ce que Dieu avait prévu pour elle ?

❏ Critique: Est-ce que vous avez beaucoup été critiqué par votre père?

❏ Acceptation et amour basés sur la performance: Est-ce que vous avez été encouragé uniquement lorsque vous répondiez aux attentes de votre père?

❏ Abus d'alcool

❏ Drogues

❏ Pornographie

❏ Adultère

❏ Divorce

❏ Abus physique

❏ Abus émotionnel

❏ Abus sexuel

Les domaines suivants sont des choses que votre père a peut-être manqué de faire. Ces choses peuvent avoir des conséquences aussi graves ou même pires que les péchés actifs qu'il a pu commettre :

❏ ne pas montrer de l'affection

❏ ne pas bénir

❏ manque de paroles encourageantes

❏ manque de discipline

Les domaines suivants peuvent également provoquer de l'amertume :

❏ Est-ce que vos frères et soeurs ont été traités d'une manière qui vous a rendu amer ?

❏ Est-ce que votre père a traité votre mère d'une manière qui vous a rendu amer?

Tout ce que vous avez pu cocher sur la liste précédente doit être amené à la croix de Jésus et y être déposé. Pour vous aider dans cette tâche, nous vous proposons une prière. Nous vous recommandons d'avoir une autre personne qui vous accompagne dans cette démarche. La Bible dit que nous sommes guéris si nous confessons nos péchés les uns aux autres. (Jacques 5.16)

Père céleste, je pardonne à mon père le péché de __________ __________. (Nommez tous les péchés pour lesquels vous avez besoin de pardonner à votre père, en les citant spécifiquement.) Je te demande pardon pour les ressentiments que j'ai eu envers mon père. Je te demande pardon pour toute colère, amertume et rancune envers mon père. Je te demande pardon pour toute révolte et rébellion contre mon père. Je brise maintenant toute parole de malédiction et d'accusation que j'ai prononcée contre lui. Je remplace ces malédictions par des bénédictions : je te prie donc maintenant pour mon père (priez avec conviction et à haute voix)

❏ que tu le bénisses en lui accordant le salut en Jésus-Christ

❏ que tu le bénisses en lui accordant la même liberté que j'ai trouvée aujourd'hui

❏ que tu le bénisses en lui accordant un nouveau cœur

❏ que tu bénisses son couple

❏ que tu bénisses son travail et ses finances

❏ que tu le bénisses en lui accordant la joie, la paix, la bonté et l'amour ainsi que tous les fruits du Saint-Esprit

❏ que tu le bénisses pour qu'il puisse être libéré de toute culpabilité et honte, et que ses blessures soient guéries

❏ que tu le bénisses en lui accordant une longue vie et une bonne santé

❏ que tu le bénisses pour qu'il soit libéré de tous les pièges et mauvais plans de l'ennemi

Je déclare que j'aime mon père. Je veux le regarder avec ton regard, en reconnaissant aussi ses blessures et ses douleurs. Je te prie par la foi que le feu de ton Esprit vienne dans sa vie. Je te prie de le faire maintenant ! Mes chaînes sont maintenant brisées et je me tiens devant toi en étant libre. Merci pour la puissance de la croix !

(Note : Si votre père est déjà décédé, priez pour que Dieu bénisse le fruit de sa vie.)

Faites maintenant la prière suivante avec conviction, de tout votre cœur et dans la foi que Dieu va agir de manière puissante :

Père céleste, je renonce maintenant à une vie dans la colère, le ressentiment et l'amertume. Je renonce au droit d'être offensé. Je renonce à mon droit de voir la justice se faire. Je te remets ma relation avec mon père et je déclare qu'elle est entre tes mains maintenant. Je ne suis pas responsable des choses que toi seul peux faire. Je coupe maintenant ces liens ! Je renonce à tous les esprits …

- ☐ de rejet,
- ☐ de colère,
- ☐ de ressentiment,
- ☐ d'abandon,
- ☐ d'amertume,
- ☐ de division.

Si après cela, des pensées d'amertume devaient réapparaître, refusez-les et refusez de revenir en arrière. Si possible, écrivez une lettre à votre père pour lui dire que vous l'aimez, et écrivez-lui une bénédiction sincère. Ne le critiquez pas, bénissez-le simplement et laissez le reste à Dieu. Même si votre père est déjà décédé, vous profiterez beaucoup du fait d'exprimer votre pardon par écrit.

Mère (Mère biologique ou belle-mère)

Est-ce que les choses suivantes ont eu lieu dans la relation avec votre mère ?

- ☐ Désespoir: punition ou discipline excessive qui vous a brisé intérieurement
- ☐ Contrôle / manipulation
- ☐ Manque de couverture spirituelle: est-ce que votre mère a veillé sur l'atmosphère spirituelle dans la maison?
- ☐ Négligeance: Est-ce que votre mère était attentive à vos besoins?
- ☐ Abandon: Est-ce qu'on vous a placé constamment devant la télévision ou vous a-t-on confié à d'autres personnes?
- ☐ Rejet: Est-ce que vous étiez un enfant désiré? Est-ce que vous avez été accepté par votre mère ? Est-ce que vous aviez l'impression de ne pas être la personne désirée par vos parents ? (p.ex. ils désiraient un enfant de l'autre sexe)
- ☐ Passivité: Est-ce que votre mère a pris l'initiative dans la

famille? Est-ce qu'elle a permis à votre père d'entrer dans ce que Dieu avait prévu pour lui ?

- ☐ Critique: Est-ce que vous avez beaucoup été critiqué par votre mère?
- ☐ Acceptation et amour basés sur la performance: Est-ce que vous avez été encouragé uniquement lorsque vous répondiez aux attentes de votre mère?
- ☐ Abus d'alcool
- ☐ Drogues
- ☐ Pornographie
- ☐ Adultère
- ☐ Divorce
- ☐ Abus physique
- ☐ Abus émotionnel
- ☐ Abus sexuel

Les domaines suivants sont des choses que votre mère a peut-être manqué de faire. Ces choses peuvent avoir des conséquences aussi graves ou même pires que les péchés actifs qu'elle a pu commettre :

- ☐ ne pas montrer de l'affection
- ☐ ne pas bénir
- ☐ manque de paroles encourageantes
- ☐ manque de discipline

Les domaines suivants peuvent également provoquer de l'amertume :

- ☐ Est-ce que vos frères et soeurs ont été traités d'une manière qui vous a rendu amer ?
- ☐ Est-ce que votre mère a traité votre père d'une manière qui vous a rendu amer?

Tout ce que vous avez pu cocher sur la liste précédente doit être amené à la croix de Jésus et y être déposé. Pour vous aider dans cette tâche, nous vous proposons une prière. Nous vous recommandons d'avoir une autre personne qui vous accompagne dans cette démarche. La Bible dit que nous sommes guéris si nous confessons nos péchés les uns aux autres. (Jacques 5.16)

Père céleste, je pardonne à ma mère le péché de __________ __________________. (Nommez tous les péchés pour lesquels vous avez besoin de pardonner à votre mère, en les citant spécifiquement.) Je te demande pardon pour les ressentiments que j'ai eu envers ma mère. Je te demande pardon pour toute colère, amertume et rancune envers ma mère. Je te demande pardon pour toute révolte et rébellion contre ma mère. Je brise maintenant toute parole de malédiction et d'accusation que j'ai prononcée contre elle. Je remplace ces malédictions par des bénédictions : je te prie donc maintenant pour ma mère (priez avec conviction et à haute voix)

❑ que tu la bénisses en lui accordant le salut en Jésus-Christ

❑ que tu la bénisses en lui accordant la même liberté que j'ai trouvée aujourd'hui

❑ que tu la bénisses en lui accordant un cœur nouveau

❑ que tu bénisses son couple

❑ que tu bénisses son travail et ses finances

❑ que tu la bénisses en lui accordant la joie, la paix, la bonté et l'amour ainsi que tous les fruits du Saint-Esprit

❑ que tu la bénisses pour qu'elle puisse être libérée de toute culpabilité et honte, et que ses blessures soient guéries

❑ que tu la bénisses en lui accordant une longue vie et une bonne santé

❑ que tu la bénisses pour qu'elle soit libérée de tous les pièges et mauvais plans de l'ennemi

Je déclare que j'aime ma mère. Je veux la regarder avec ton regard, en reconnaissant aussi ses blessures et douleurs. Je te prie par la foi que le feu de ton Esprit vienne dans sa vie. Je te prie de le faire maintenant ! Mes chaines sont maintenant brisées et je me tiens devant toi en étant libre. Merci pour la puissance de la croix !

(Note : Si votre mère est déjà décédée, priez pour que Dieu bénisse le fruit de sa vie.)

Faites maintenant la prière suivante avec conviction, de tout votre cœur et dans la foi que Dieu va agir de manière puissante :

Père céleste, je renonce maintenant à une vie dans la colère, le ressentiment et l'amertume. Je renonce au droit d'être offensé. Je renonce à mon droit de voir la justice se faire. Je te remets ma relation avec ma mère et je déclare qu'elle est entre tes mains maintenant. Je ne suis pas responsable des choses que toi seul peux faire. Je coupe maintenant ces liens! Je renonce à tous les esprits ...

❑ de rejet,
❑ de colère,
❑ de ressentiment,
❑ d'abandon,
❑ d'amertume,
❑ de division.

Si après cela, des pensées d'amertume devaient réapparaître, refusez-les et refusez de revenir en arrière. Si possible, écrivez une lettre à votre mère pour lui dire que vous l'aimez, et écrivez-lui une bénédiction sincère. Ne la critiquez pas, bénissez-la simplement et laissez le reste à Dieu. Même si votre mère est déjà décédée, vous profiterez beaucoup du fait d'exprimer votre pardon par écrit.

Conjoint(e), ex-conjoint(e) ou copain / copine

Est-ce que les choses suivantes ont eu lieu dans la relation avec votre conjoint(e), ex-conjoint(e), copain ou copine ?

❑ Infidélité ou trahison
❑ Contrôle / manipulation
❑ Manque de couverture spirituelle: Est-ce que votre (ex-) conjoint(e), copain ou copine a veillé / veille sur l'atmosphère spirituelle dans la maison?
❑ Rejet
❑ Passivité
❑ Critique
❑ Mensonge / ne pas dire la vérité
❑ Acceptation et amour basés sur la performance
❑ Abus d'alcool
❑ Drogues
❑ Pornographie
❑ Adultère
❑ Divorce
❑ Abus physique
❑ Abus émotionnel
❑ Abus sexuel

Les domaines suivants sont des choses que votre conjoint(e), ex-conjoint(e), copain ou copine a peut-être manqué de faire :

❑ ne pas montrer de l'affection
❑ ne pas bénir
❑ manque de paroles encourageantes
❑ manque de discipline

Tout ce que vous avez pu cocher sur la liste précédente doit être amené à la croix de Jésus et y être déposé. Pour vous aider dans cette tâche, nous vous proposons une prière. Nous vous recommandons d'avoir une autre personne qui vous accompagne dans cette démarche. La Bible dit que nous sommes guéris si nous confessons nos péchés les uns aux autres. (Jacques 5.16)

Père céleste, je pardonne à _______________ (mon / ma (ex-) conjoint(e), mon copain ou ma copine) le péché de _________ _______________. (Nommez tous les péchés pour lesquels vous avez besoin de pardonner à votre (ex-)conjoint(e), en les citant spécifiquement.) Je te demande pardon pour les ressentiments que j'ai eu envers ___________. Je te demande pardon pour toute colère, amertume et rancune envers ___________. Je te demande pardon pour toute révolte et rébellion contre ___________. Je brise maintenant toute parole de malédiction et d'accusation que j'ai prononcée contre _______________. Je remplace maintenant ces malédictions par des bénédictions : je te prie donc maintenant pour ___________ (priez avec conviction et à haute voix)

❏ que tu le / la bénisses en lui accordant le salut en Jésus-Christ

❏ que tu le / la bénisses en lui accordant la même liberté que j'ai trouvée aujourd'hui

❏ que tu le / la bénisses en lui accordant un cœur nouveau

❏ que tu bénisses son couple

❏ que tu bénisses son travail et ses finances

❏ que tu le / la bénisses en lui accordant la joie, la paix, la bonté et l'amour ainsi que tous les fruits du Saint-Esprit

❏ que tu le / la bénisses pour qu'il / elle puisse être libéré(e) de toute culpabilité et honte, et que ses blessures soient guéries

❏ que tu le / la bénisses en lui accordant une longue vie et une bonne santé

❏ que tu le / la bénisses pour qu'il / elle soit libéré(e) de tous les pièges et mauvais plans de l'ennemi

Je déclare que j'aime mon / ma (ex-)conjoint(e), mon copain ou ma copine. Je veux le / la regarder avec ton regard, en reconnaissant aussi ses blessures et douleurs. Je te prie par la foi que le feu de ton Esprit vienne dans sa vie. Je te prie de le faire maintenant ! Mes chaines sont maintenant brisées et je me tiens devant toi en étant libre. Merci pour la puissance de la croix !

(Note : Si votre conjoint, ex-conjoint, copain ou copine est déjà décédé(e), priez pour que Dieu bénisse le fruit de sa vie.)

Faites maintenant la prière suivante avec conviction, de tout votre cœur et dans la foi que Dieu va agir de manière puissante :

Père céleste, je renonce maintenant à une vie dans la colère, le ressentiment et l'amertume. Je renonce au droit d'être offensé. Je renonce à mon droit de voir la justice se faire. Je te remets ma relation avec mon / ma (ex-)conjoint(e) et je déclare qu'elle est entre tes mains maintenant. Je ne suis pas responsable des choses que toi seul peux faire. Je coupe maintenant ces liens ! Je renonce à tous les esprits ...

❏ de rejet,

❏ de colère,

❏ de ressentiment,

❏ d'abandon,

❏ d'amertume,

❏ de division.

Si après cela, des pensées d'amertume devaient réapparaître, refusez-les et refusez de revenir en arrière. Si possible, écrivez une lettre à votre (ex-)conjoint(e), copain ou copine pour lui dire que vous l'aimez, et écrivez-lui une bénédiction sincère. Ne le / la critiquez pas, bénissez-le / la simplement et laissez le reste à Dieu. Même si votre conjoint, ex-conjoint, copain ou copine est déjà décédé, vous profiterez beaucoup du fait d'exprimer votre pardon par écrit.

IV. Etre affranchi de la colère

Nous vous proposons la démarche de prière suivante :

A. Reconnaissez

Confessez toute colère, toute amertume et tout ressentiment qui ont laissé des traces dans votre vie. Demandez pardon à Jésus pour cela. Utilisez les listes sur les pages précédentes pour identifier ces domaines et pour les confesser devant Dieu.

B. Résistez

Renoncez à tous les mensonges de l'ennemi et refusez toute influence de sa part. Prenez autorité sur les mauvaises pensées qui vous conduisent à croire que vous avez droit à la colère et à la rancune et qui vous enfermeront derrière des murs de colère et d'amertume.

C. Remplacez

Remplacez la colère par le pardon. Renouvelez constamment votre pensée en passant du temps dans la lecture de la Bible, la prière et la louange. Faites-le aussi avec votre famille, vos amis et les membres de votre église.

D. Recevez

Recevez la grâce et le pardon de Dieu et demandez-lui de vous remplir à nouveau du Saint-Esprit. Demandez-lui de vous révéler personnellement son amour pour vous et son pardon.

V. Vivre libéré de la colère

Affirmez les résolutions et les déclarations suivantes:

❏ Je veux pardonner aux autres comme Dieu m'a pardonné.

❏ Je décide d'affronter les choses qui m'ont blessé, de pardonner à ceux qui m'ont fait du mal et de laisser le reste entre les mains de Dieu.

❏ Je veux vivre dans une attitude qui accorde facilement le pardon aux autres.

❏ Je veux comprendre de mieux en mieux que les blessures de mon passé n'ont pas échappé au regard de Dieu.

❏ Je ne veux pas permettre à l'ennemi de me lier au travers de mon manque de pardon.

❏ Je veux pardonner aux autres indépendamment de leurs actions à mon égard.

❏ Je veux permettre aux autres de voir les conséquences de la grâce, de la compassion et du pardon de Dieu dans ma vie.

❏ Je sais que c'est au travers du pardon que je pourrai expérimenter la liberté, qu'il s'agisse de blessures présentes ou passées.

Faites des pas concrets en direction d'une vie libre de la colère :

❏ Demandez à Dieu de vous montrer envers qui vous maintenez des sentiments qui ne sont pas justes. Notez leurs noms au fur et à mesure que Dieu vous les montre. Résistez à la tentation de l'ennemi qui pourrait vouloir vous pousser dans une introspection morbide. Vérifiez aussi si vous gardez du ressentiment envers vous-mêmes ou envers Dieu.

❏ Ne permettez pas que votre ressentiment soit réactivé par des souvenirs de petites offenses de la part d'une personne à qui vous avez déjà pardonné des choses plus importantes. Apportez ces souvenirs et ces blessures immédiatement au Seigneur. (p.ex. « Seigneur, je te remets cet incident et je choisis de pardonner à ________ . »)

❏ Dites au Seigneur que vous êtes prêt à vivre avec les conséquences d'une blessure. Continuez d'être en dialogue avec le Seigneur à ce sujet quand vous en ressentez le besoin.

❏ Par la foi et dans l'autorité de Christ, reprenez le terrain que vous avez laissé à l'ennemi par votre ressentiment. Faites valoir votre droit légal sur tout ce qui est à vous et que l'ennemi vous a volé en profitant de votre attitude de non-pardon.

❏ Si les actions futures d'une personne à qui vous avez pardonné font revenir des souvenirs douloureux, résistez à la tentation de faire revivre le ressentiment du passé. Apportez cette tentation au Seigneur immédiatement.

VI. Passages bibliques

Proverbes 19.11 *La raison de l'homme lui fait retenir sa colère, et sa gloire c'est de passer par-dessus l'offense.*

Proverbes 29.22 *L'homme prompt à la colère provoque des querelles, et celui qui s'emporte facilement commet beaucoup de fautes.*

Ecclésiaste 7.8-9 *Mieux vaut l'aboutissement d'une entreprise que son début. Mieux vaut un esprit patient que prétentieux. Ne t'irrite pas trop vite, car c'est dans le coeur des insensés que la colère élit domicile.*

Ephésiens 4.26-27 *Si vous vous mettez en colère, ne péchez point ; que le soleil ne se couche pas sur votre colère.*

La peur et l'incrédulité

La plupart d'entre nous ne réalisent pas à quel point la peur est profondément enracinée dans nos vies. Nous vivons littéralement dans une culture de peur et d'angoisse : peur du terrorisme, peur de la criminalité, peur du cancer ou d'autres maladies, peur d'être rejeté ou abandonné, peur de pertes financières, etc... La peur nous conduit à douter du caractère de Dieu, de sa parole et de sa puissance. La nature de la peur est de nous tromper par de fausses impressions ou apparences. Quand nous avons peur, nous sommes vulnérables à l'exploitation, à la manipulation, à la déception et au contrôle. L'ennemi le sait bien et l'utilise pour son avantage.

Les Ecritures disent clairement que le Seigneur désire nous libérer de la peur. Nous pouvons accéder à cette liberté :

❏ en permettant au Saint-Esprit de mettre en lumière les peurs dans notre vie.

❏ en apportant nos peurs à la croix, par le pardon et l'affirmation de la vérité.

❏ en permettant à Dieu de nous encourager et de nous fortifier dans nos faiblesses par sa puissance et sa présence.

❏ en nous engageant à agir dans la foi et la confiance en Dieu, en son caractère, en sa voix, et en sa parole.

I. Racines de la peur

A. La peur ne vient pas de Dieu

2 Timothée 1.7 *Dieu nous a donné un Esprit qui, loin de faire de nous des lâches, nous rend forts, aimants et réfléchis.*

❑ La peur est une conséquence du fait que nous ne connaissons pas suffisamment Dieu et sa parole et que nous ne comprenons pas quel est son caractère.
❑ La peur est une conséquence de l'incrédulité.

Matthieu 14.30-31 *Mais quand il remarqua combien le vent soufflait fort, il prit peur et, comme il commençait à s'enfoncer, il s'écria : Au secours ! Seigneur! Immédiatement, Jésus lui tendit la main et le saisit. Ta foi est bien faible ! lui dit-il, pourquoi as-tu douté ?*

II. Reconnaître la peur

1. Peur d'être puni, manque de paix, d'espérance, de foi ou de joie

1 Jean 4.17-18 *Et voici pourquoi l'amour se manifeste pleinement parmi nous : c'est pour que nous ayons une entière assurance au jour du jugement, d'autant plus que notre situation dans ce monde est celle que le Christ a connue lui-même. Dans l'amour, il n'y a pas de place pour la crainte, car l'amour véritable chasse toute crainte. En effet, la crainte suppose la perspective d'un châtiment. L'amour de celui qui vit dans la crainte n'est pas encore parvenu à sa pleine maturité.*

❑ temps de culte personnel ou de prière motivés par la peur
❑ relation avec Jésus qui est basée sur la performance
❑ peur de ne pas suffire aux yeux de Dieu
❑ peur que Dieu nous punisse

Voici quelques formes de punitions que nous pourrions craindre :

❑ que Dieu refuse de nous donner des dons spirituels
❑ que nous ne puissions pas entrer dans une relation profonde avec Jésus
❑ des pensées malsaines au sujet de la souffrance
❑ peur du processus qui mène à la liberté
❑ que Dieu ne nous parle pas, qu'il nous ignore ou ne nous écoute pas (comme si nous devions d'abord mériter le fait qu'il nous accorde son attention)
❑ que Dieu soit en colère contre nous et ne nous pardonne pas

2. Peur de l'homme

Proverbes 29.25 *La crainte que vous avez des hommes tend un piège sous vos pas, mais l'Eternel protège celui qui se confie en lui.*

Esaie 51.7 *Ecoutez-moi, vous qui savez ce qui est juste. O peuple, toi qui portes ma Loi au fond du coeur, ne crains donc pas les injures des hommes, que leurs outrages ne t'ébranlent jamais !*

❑ peur de ce que les gens pensent de nous
❑ peur de ce que les gens pourraient dire sur nous
❑ peur d'être rejetés par nos proches
❑ peur des autorités
❑ peur de dire quelque chose
❑ peur de l'infériorité (La peur d'une personne qui se compare aux autres vient de ce qu'elle ne croit pas que Dieu l'a créée avec une destinée propre de grande valeur.)
❑ peur de la confrontation
❑ peur de l'échec

3. Peur de l'insécurité

Deutéronome 28.66-67 *Votre avenir sera très incertain, vous connaîtrez nuit et jour la peur, vous n'aurez aucune assurance pour votre vie. La terreur envahira votre coeur à cause de tout ce que vous aurez constamment sous les yeux, de sorte que le matin vous direz : « Si seulement c'était le soir ! » Et le soir : « Quand donc viendra le matin ? »*

❑ peur de ne pas pouvoir comprendre la volonté de Dieu et de manquer son appel
❑ peur que Dieu ne soit pas digne de confiance ; qu'il n'arrive pas à accomplir ses plans à travers nous
❑ peur d'être incapable de répondre à l'appel de Dieu
❑ peur de prendre un engagement parce que cela pourrait nous fermer d'autres portes
❑ peur de faire équipe avec d'autres chrétiens et de s'engager avec eux
❑ peur de s'engager à prier pour quelqu'un ou quelque chose
❑ peur de s'engager dans une église
❑ peur de donner de l'argent pour le service de Dieu
❑ peur que Dieu nous en demande trop
❑ peur de prier à haute voix et de ce que les gens pourraient penser de notre prière

4. Peur de vivre une vie selon le Nouveau Testament, marquée par l'action surnaturelle de Dieu

Luc 8.37 *Là-dessus, toute la population du territoire des Géraséniens, saisie d'une grande crainte, demanda à Jésus de partir de chez eux. Il remonta donc dans la barque et repartit.*

❏ peur de la délivrance

❏ peur de la réalité des démons

❏ peur de la guérison

❏ peur de la persécution

❏ peur d'être perçus comme extrême ou fanatique

❏ peur de payer le prix de suivre Jésus

❏ peur de l'action du Saint-Esprit

❏ peur de fausses manifestations

❏ peur du combat spirituel

❏ peur que les promesses de Dieu ne se réalisent pas

❏ peur d'autres conséquences de notre engagement pour Jésus (notez-les).

5. Peur de l'échec

La peur agit contre notre foi et peut parfois contribuer à ce que les choses que nous craignons s'accomplissent ; comme une sorte de prophétie qui s'accomplit elle-même. Dans la Bible, nous lisons souvent que Dieu dit à des gens : « Ne crains pas ! » Nous ne devrions avoir peur de rien, même pas de nos propres échecs.

❏ peur de retomber dans nos péchés

❏ peur de ne pas être libéré de péchés persistants ou de dépendances

❏ peur de ne jamais se marier

❏ peur d'une crise conjugale

❏ peur du divorce

❏ peur de l'intimité et d'être vus comme nous sommes réellement

❏ peur que nos enfants ne réussissent pas

❏ peur d'un échec professionnel

❏ peur de la tentation

❏ peur de décevoir nos parents ou d'autres personnes que nous respectons

6. Peur de mauvaises nouvelles ou des circonstances

Psaume 112.6-8 *Car rien ne pourra jamais l'ébranler, on se souviendra pour toujours du juste. Il n'a pas à craindre les bruits malveillants. Son coeur est tranquille : il s'appuie sur l'Eternel. Ferme sur ses positions, il n'a point de crainte, à la fin, il peut regarder en face tous ses ennemis.*

❏ peur des conflits

❏ peur de recevoir des mauvaises nouvelles

❏ peur de vivre des temps difficiles

❏ peur d'une montée de mouvements anti-chrétiens

❏ peur qu'un membre de notre famille soit blessé ou tué

❏ peur que notre situation financière s'aggrave

❏ toujours craindre le pire même s'il n'y a aucune raison

7. Peur que notre passé soit connu (et des conséquences possibles)

Esaie 54.4 *Ne sois pas effrayée car tu ne seras plus honteuse, et ne sois pas confuse car tu n'auras plus à rougir. Tu oublieras la honte de ton adolescence et tu ne te souviendras plus du déshonneur de ton veuvage.*

❏ peur de devoir confesser à notre conjoint nos péchés sexuels du passé

❏ peur d'avoir honte de notre passé

❏ peur que notre passé empêche l'oeuvre de Dieu dans nos vies

❏ peur que Dieu nous punisse pour ce que nous avons fait

❏ peur que Dieu nous punisse pour des péchés avec lesquels nous luttons dans le présent

❏ peur de ce que d'autres pensent en apprenant que nous luttons avec l'homosexualité

❏ peur de la honte et de la culpabilité à cause d'un avortement

❏ peur de ne pas être guéri de nos blessures et des conséquences de nos péchés passés

❏ peur que les autres nous connaissent tels que nous sommes réellement

8. Peurs soudaines et irrationnelles (qui viennent toujours de l'ennemi)

Proverbes 3.24-25 *Quand tu te coucheras, tu n'éprouveras aucune crainte, et ton sommeil sera paisible, tu n'auras pas à redouter un désastre imprévu, ni la ruine qui ne manquera pas de fondre sur les méchants, car l'Eternel sera ton assurance, il gardera ton pied de tout piège.*

❏ peur de la solitude

❏ désespoir

❏ peur paralysante

❏ peur de la mort

❏ peur des maladies

❏ peur du cancer

❏ peur du décès de notre conjoint

❏ peur de manquer quelque chose

❏ peur de la criminalité ou du terrorisme

❏ peur des accidents

III. Reconnaître l'incrédulité

Pour la plupart des chrétiens, l'incrédulité semble être un problème mineur. Nous la voyons plutôt comme une question de précaution, de prudence et de circonspection. Mais en fait l'incrédulité met en doute la parole, l'œuvre et le caractère de Dieu – de manière craintive, rebelle ou têtue. Elle exprime ses doutes en paroles et en action. Elle affirme avoir une meilleure compréhension des choses que Dieu lui-même. Elle donne la priorité à nos propres suppositions, préjugés et craintes.

Regardons quelques caractéristiques de l'incrédulité :

- ❒ décider soi-même de ce que Dieu peut ou ne peut pas faire, de ce qu'il fera ou ne fera pas et comment il agira ou n'agira pas.
- ❒ trouver ses propres méthodes pour accomplir l'œuvre de Dieu, que ce soit au niveau personnel ou communautaire.
- ❒ tourner ses regards vers nous-mêmes plutôt que vers Dieu. Comme le dit Jim Cymbala dans son livre « Fresh faith » : « L'incrédulité se parle à elle-même plutôt que d'en parler avec Dieu. »

Plutôt que de chercher Dieu et d'agir par la foi en accord avec son caractère et ses promesses, nous préférons dépendre de notre propre compréhension, de nos propres méthodes et de notre propre force pour notre vie et notre ministère. Cette tendance à l'incrédulité est souvent ancrée dans la crainte, l'orgueil, la rébellion et d'autres motivations liées au péché :

- ❒ Si l'incrédulité est motivée par la peur, elle peut se manifester par des mécanismes d'autoprotection, semblables à ceux qui sont causés par l'insécurité et l'infériorité.
- ❒ Si l'incrédulité est motivée par l'orgueil ou la rébellion, elle peut se cacher derrière un masque de réalisme, d'intellectualisme ou de « bon sens ».
- ❒ Dans l'église, l'incrédulité se cache souvent derrière un masque d'esprit critique et religieux, comme illustré par les pharisiens au temps de Jésus.

Même si l'incrédulité peut être bien cachée, elle ne passe jamais inaperçue. La Bible dit clairement que Dieu compte l'incrédulité parmi les péchés graves, et qu'il la juge sévèrement.

Avoir la foi, c'est croire en Dieu et agir en conséquence. Une grande foi, c'est croire que rien n'est impossible à Dieu. Selon les paroles de Jésus, cette foi a le potentiel de déplacer des montagnes. Sans la foi, il est impossible de plaire à Dieu. (Hébreux 11.6)

Fruits de l'incrédulité

- ❒ Elle entrave la manifestation de la présence de Dieu et de sa puissance dans nos vies.
- ❒ Elle nous conduit à nous sentir offensés, d'abord par Dieu et ensuite par ceux qui lui obéissent.
- ❒ Elle nourrit le scepticisme.
- ❒ Elle étouffe la vie de prière.
- ❒ Elle nous rend instables.
- ❒ Elle nourrit une attitude critique.
- ❒ Elle nous rend insensibles au Saint-Esprit et réduit notre discernement spirituel.
- ❒ Elle empoisonne aussi les autres.
- ❒ Elle encourage l'orgueil et la supériorité.
- ❒ Elle met en doute la parole de Dieu et son caractère.
- ❒ Elle considère nos propres idées comme justes et les place au-dessus des standards de Dieu.
- ❒ Elle décourage les autres et freine leur foi.
- ❒ Elle attire la colère, la désapprobation et la déception de Dieu.
- ❒ Elle nous empêche d'accueillir la présence et l'action du Saint-Esprit.
- ❒ Elle nous conduit à vouloir contrôler les choses.

Reconnaître l'incrédulité

Demandez au Saint-Esprit d'examiner votre cœur en parcourant la liste suivante. Cochez ce qui convient :

- ❒ Je suis souvent déçu, voire même offensé, que Dieu n'agisse pas comme il devrait le faire selon mon opinion, et / ou qu'il ne réponde pas à mes prières comme j'aimerais bien qu'il le fasse.
- ❒ Quand j'entends comment d'autres parlent de ce qu'ils ont vécu avec Dieu, comment ils ont expérimenté sa puissance et comment Dieu a exaucé leurs prières, je suis souvent sceptique. Ma première réaction est souvent d'analyser leurs propos et d'essayer de les contredire.
- ❒ Je prétends que mon esprit critique n'est rien d'autre que de faire preuve de discernement.
- ❒ Je critique souvent la direction de l'église dont je suis membre.
- ❒ J'ai tendance à me méfier des autres.
- ❒ Je me demande pourquoi le Saint-Esprit ne me parle pas ou pourquoi il ne semble pas m'utiliser autant que d'autres.
- ❒ Je doute que Dieu parle vraiment aux autres et qu'il les utilise comme ils le prétendent parce que je ne vois pas qu'il me parle ou m'utilise de la même manière.
- ❒ J'ai tendance à être autosuffisant et indépendant des autres; et si je suis très honnête, je dois admettre que je cherche aussi à être indépendant de Dieu.
- ❒ Je perçois des situations comme étant « impossibles » plutôt que de les voir comme étant « possibles avec Dieu. »
- ❒ Je doute que des personnes puissent changer vraiment.
- ❒ Je ne suis pas confiant en mon autorité spirituelle par Jésus-Christ.

❏ Je ne me sens pas motivé à prier constamment et j'ai peu d'intérêt pour la prière d'intercession ou le combat spirituel.

❏ La prière est souvent le dernier recours pour moi. Je cherche d'abord à trouver moi-même des solutions. Mes actions montrent que je crois que Dieu vient en aide à ceux qui se débrouillent par eux-mêmes.

❏ Je me sens lié par certaines habitudes ou dépendances (mécanismes de compensation) qui se manifestent quand je suis découragé ou blessé, quand j'ai peur ou quand je me sens désespéré.

❏ Mes décisions sont souvent basées sur mes craintes plutôt que sur ce que Dieu désire pour moi dans une situation donnée (où aller, comment y arriver, pour moi-même, mon conjoint et mes enfants etc.).

❏ Je crois que ma situation, mes péchés, mes peurs, mon couple, ma vie spirituelle, etc ne changeront jamais.

❏ J'ai tendance à paniquer quand je reçois de mauvaises nouvelles, ou même quand j'apprends la possibilité que quelque chose de grave pourrait arriver.

❏ J'ai tendance à me faire du souci et à avoir peur de beaucoup de choses.

❏ Je crains que mes enfants ou d'autres membres de ma famille ne reçoivent jamais le salut.

❏ Je cherche à contrôler d'autres personnes, des situations, et même Dieu, parce que j'ai peur de les lâcher et de faire confiance à Dieu pour qu'il les protège, les conduise, les sauve etc.

❏ Je suis sceptique en ce qui concerne l'action surnaturelle du Saint-Esprit aujourd'hui.

❏ J'ai peur de prendre le risque de prier courageusement pour que d'autres puissent recevoir la guérison et la délivrance.

❏ J'ai peur d'agir par la foi en réponse à des révélations que Dieu m'a données.

❏ Les circonstances visibles m'influencent davantage que la parole (écrite ou personnelle) de Dieu et son caractère.

IV. Etre affranchi de la peur et de l'incrédulité

❏ Nous devons reconnaître que derrière nos peurs se trouvent des mensonges. La peur peut s'enraciner en nous uniquement si nous croyons quelque chose de faux au sujet d'un danger, d'un conflit ou d'une douleur anticipée. Le problème n'est pas la situation potentielle. Le problème est le mensonge que nous croyons au sujet de la capacité (ou de l'incapacité) de Dieu de nous protéger, nous fortifier, nous équiper pour n'importe quelle situation et de pourvoir pour nous.

❏ Nous devons prendre la décision de haïr les péchés de la peur et de l'incrédulité avec une haine sainte. La crainte attriste le coeur de Dieu car elle nie le fait que Dieu pourvoit à nos besoins et prend soin de nous. La crainte alimente l'incrédulité envers Dieu, son caractère, sa parole et sa puissance.

❏ Nous devons confesser tout péché spécifique en lien avec la peur et l'incrédulité.

❏ Nous pouvons demander à Dieu de mettre en lumière en nous la peur sous toutes ses formes, aussi là où nous n'en sommes pas encore conscients. Cela peut s'avérer très utile de demander à une autre personne de prier avec nous. Elle pourrait avoir un discernement ou une révélation de Dieu sur un domaine où nous-mêmes sommes aveuglés.

❏ Nous devons renoncer à la peur et à l'incrédulité au nom de Jésus et repousser l'ennemi en invoquant le nom de Jésus. Nous devons ordonner à l'ennemi de nous quitter et tenir ferme dans la foi. (Nous pouvons utiliser les « 4 R » pour faire cela.)

❏ Ensuite nous devons agir dans l'esprit opposé. Cela ne suffit pas de confesser nos peurs. Nous devons les confronter avec détermination, recevoir l'amour de Dieu, nous baser sur ses promesses et remplacer l'incrédulité par la confiance en la parole de Dieu et en sa fidélité.

V. Vivre libéré de la peur et de l'incrédulité

Alors que nous grandissons dans notre désir et notre capacité de vivre libre de nos peurs, nous allons devoir faire face à des domaines dans lesquelles nous avons peu ou pas d'expériences préalables. En regardant nos propres ressources au niveau physique, psychique, émotionnel, etc., nous allons réaliser qu'elles ne suffisent pas pour faire face à tous les combats dans notre vie et notre ministère. Nous commençons alors à voir qu'il y a un écart immense entre ce que nous pouvons accomplir par nos propres forces et ce que nous pouvons accomplir par la puissance surnaturelle du Saint-Esprit.

Cet écart peut être franchi si nous ne regardons pas les limites de nos capacités, mais si nous faisons des pas de foi pour accomplir ce que Jésus nous a demandé de faire. Chaque fois que nous faisons de tels pas de foi et que quelque chose de surnaturel se passe, notre foi et notre confiance sont fortifiées. Alors que la confiance grandit, les peurs diminuent !

Faisons alors les déclarations suivantes :

❏ Je veux renoncer à la peur, à la crainte et au doute, et je veux les remplacer par la foi et la confiance en la parole de Dieu, son caractère et sa puissance.

❏ Je ne veux pas vivre seulement par ce que je vois,

par ce que je perçois par mes cinq sens et par mes réactions émotionnelles, mais par la parole de Dieu et ses promesses.

- ❏ Je veux toujours chercher à honorer Dieu et à ne pas porter atteinte à sa réputation ni à celle de ceux qui vivent par la foi et dans l'obéissance envers lui.
- ❏ Je veux demander à Dieu que ma foi puisse grandir chaque jour.
- ❏ Je veux passer plus de temps à lire la parole de Dieu afin que je puisse mieux connaître l'œuvre de Dieu, son caractère et ses promesses.
- ❏ Je veux apprendre à écouter sa voix et à agir en conséquence.
- ❏ Je ne veux pas vivre dans la rébellion contre Dieu et je ne veux pas craindre les conséquences de mon obéissance envers lui.
- ❏ Je ne veux pas cacher un esprit incrédule et critique sous le masque de la prudence, du réalisme ou du discernement.
- ❏ Je veux m'attendre à ce que Dieu accomplisse ses promesses; je ne veux pas me fier à mes propres plans, chercher mon propre confort ou suivre mes mécanismes de contrôle et de compensation.
- ❏ Je veux faire des pas de foi courageux et servir les autres comme Jésus a servi.
- ❏ Je veux vivre et servir avec confiance en utilisant l'autorité que Jésus m'a déléguée.
- ❏ Je ne veux pas me baser sur mes sentiments ou sur les circonstances, mais croire pleinement que Dieu prend soin de moi, me protège et m'équipe.
- ❏ Je ne veux pas craindre l'action surnaturelle du Saint-Esprit et ne pas me révolter contre ce qu'il fait.
- ❏ Je veux développer une culture de foi autour de moi, en commençant par ma famille, mon ministère, mon église et mes amis.

VI. Passages bibliques

La peur

Psaume 23.4 *Si je devais traverser la vallée où règnent les ténèbres de la mort, je ne craindrais aucun mal, car tu es auprès de moi : ta houlette me conduit et ton bâton me protège.*

Proverbes 12.25 *Le souci au fond du coeur déprime un homme, mais une parole d'encouragement lui rend la joie.*

Esaie 8.12 *Ne dites pas complot pour tout ce que ce peuple nomme complot ; ne craignez pas tout ce qu'il craint, ne le redoutez pas.*

Esaie 41.10, 13 *Ne sois pas effrayé, car je suis avec toi ; ne sois pas angoissé, car moi je suis ton Dieu. Je t'affermis, je viens à ton secours, pour sûr, je te soutiens de mon bras droit qui fait justice. [...] Car c'est moi, l'Eternel, qui suis ton Dieu, je saisis ta main droite, je te dis : Sois sans crainte, je suis là pour t'aider.*

Matthieu 28.20 *Et voici : je suis moi-même avec vous chaque jour, jusqu'à la fin du monde.*

Actes 18.10 *Je suis avec toi. Personne ne pourra s'attaquer à toi pour te faire du mal, car il y a dans cette ville un peuple nombreux qui m'appartient.*

Philippiens 4.6 *Ne vous mettez en souci pour rien, mais, en toute chose, exposez vos besoins à Dieu. Adressez-lui vos prières et vos requêtes, en lui disant aussi votre reconnaissance.*

L'incrédulité

Psaume 78.19-22 *Ils ont tenu des propos contre lui : « Dieu peut-il dresser la table au désert ? » C'est ainsi qu'il a frappé le rocher, l'eau a coulé, des torrents ont jailli. « Pourrait-il aussi nous donner du pain ou procurer de la viande à son peuple ? » L'Eternel entendit et s'emporta, il alluma un feu contre Jacob, contre Israël éclata sa colère, car ils n'avaient pas fait confiance à Dieu, ils n'avaient pas compté sur son secours.*

Matthieu 6.25-30 *C'est pourquoi je vous dis : ne vous inquiétez pas en vous demandant : « Qu'allons-nous manger ou boire ? Avec quoi allons-nous nous habiller ? » La vie ne vaut-elle pas bien plus que la nourriture ? Et le corps ne vaut-il pas bien plus que les habits ? Voyez ces oiseaux qui volent dans les airs, ils ne sèment ni ne moissonnent, ils n'amassent pas de provisions dans des greniers, et votre Père céleste les nourrit. N'avez-vous pas bien plus de valeur qu'eux ? D'ailleurs, qui de vous peut, à force d'inquiétude, prolonger son existence, ne serait-ce que de quelques instants ? Quant aux vêtements, pourquoi vous inquiéter à leur sujet ? Observez les lis sauvages ! Ils poussent sans se fatiguer à tisser des vêtements. Pourtant, je vous l'assure, le roi Salomon lui-même, dans toute sa gloire, n'a jamais été aussi bien vêtu que l'un d'eux ! Si Dieu habille avec tant d'élégance la petite plante des champs qui est là aujourd'hui et qui demain sera jetée au feu, à plus forte raison ne vous vêtira-t-il pas vous-mêmes ? Ah, votre foi est encore bien petite!*

Matthieu 13.58 *Aussi ne fit-il là que peu de miracles, à cause de leur incrédulité.*

Hébreux 11.1 *La foi est une façon de posséder ce qu'on espère, c'est un moyen d'être sûr des réalités qu'on ne voit pas.*

Hébreux 11.6 *Or, sans la foi, il est impossible de lui être agréable. Car celui qui s'approche de Dieu doit croire qu'il existe et qu'il récompense ceux qui le cherchent.*

L'infériorité et l'insignifiance

On rapporte que Martin Luther aurait dit : Peu importe de quel côté on tombe d'un cheval – d'un côté comme de l'autre, on est tombé ! Cela est vrai également pour les stratagèmes de Satan dans le but de nous séparer de l'amour de Dieu. Un de ses moyens est de nous faire croire que nous n'avons pas besoin de l'amour et du pardon de Dieu. Nous pensons alors que nous sommes très bien tels que nous sommes. C'est de l'orgueil.

Mais une autre manière, toute aussi efficace, est de nous faire croire que nous sommes trop mauvais pour pouvoir recevoir l'amour et le pardon de Dieu. Cela nous conduit à nous rabaisser nous-mêmes. Nous nous concentrons alors sur nos insécurités et nos manquements, nous nous apitoyons sur nous-mêmes et nous nous retirons dans une prison de rejet, de condamnation et d'insécurité. Nous appelons cette forteresse *infériorité et insignifiance*.

I. Racines de l'infériorité et de l'insignifiance

Une forteresse d'insécurité et d'insignifiance filtre notre perception de la réalité par le mensonge que nous ne sommes pas aimés tels que nous sommes – et que nous (et d'autres aussi) n'avons de la valeur que par notre position sociale, nos capacités, notre apparence, notre statut, nos succès, nos possessions, notre carrière ou notre ministère. Nous n'arrivons pas à saisir que nous avons une grande valeur pour Dieu et qu'il nous aime de manière inconditionnelle. Cette forteresse alimente un cercle vicieux de désespoir, de performance et de condamnation : désespoir en pensant que nous ne pourrons jamais être et faire les choses auxquelles nous aspirons, performance pour essayer d'y arriver quand-même et condamnation quand nous échouons.

II. Reconnaître l'infériorité et l'insignifiance

L'insignifiance veut dire que nous croyons avoir moins de valeur ou d'importance que d'autres ; que nous nous percevons comme secondaires et en-dessous des autres. Elle nous conduit à croire que Dieu ne veut pas nous bénir comme il le fait pour les autres. Elle nous incite à croire que c'est la raison pour laquelle nous vivons un échec ou que nos prières ne sont pas exaucées.

❑ L'insignifiance a ses racines dans des mensonges de l'ennemi, des « étiquettes » qui nous ont été collées dessus.

❑ L'insignifiance a ses racines dans une conscience

excessive de nous-mêmes qui nous conduit à nous comparer constamment aux autres et nous donne l'impression de toujoursen sortir perdants.

- ❏ L'insignifiance nous conduit à nous débattre avec la pitié de soi, la colère et la jalousie.
- ❏ L'insignifiance nous convainc que nous n'appartenons pas réellement aux groupes dont nous faisons partie et que nous allons manquer quelque chose. Partout et toujours, quoi que nous fassions, nous voyons des gens qui nous semblent plus importants ou plus capables que nous.
- ❏ L'insignifiance nous incite à croire que Dieu ne nous voit pas et ne se réjouit pas de nous. Alors nous doutons que Dieu ait de bons plans pour nous et nous ne pouvons pas nous réjouir d'avoir été choisis par lui.
- ❏ L'insignifiance peut se manifester par une colère sous-jacente contre tous ceux qui nous font penser à d'autres personnes qui nous ont rejetés dans le passé ou qui nous ont donné le sentiment d'être insignifiant. Parce que nous nous sentons inférieurs à ces gens, nous avons tendance à les critiquer. La colère contre eux peut s'exprimer de diverses manières.

Demandez au Saint-Esprit d'examiner votre coeur et de vous aider à remplir la liste suivante. Cochez tout ce qui convient.

1. L'infériorité remet en question notre valeur

J'ai souvent les pensées ou les sentiments suivants :

- ❏ Je ne suis rien du tout et je viens de nulle part.
- ❏ Je suis hideux, faible et méprisable.
- ❏ Je n'ai rien à donner aux autres.
- ❏ Je ne suis pas un homme véritable / une femme véritable.
- ❏ Je crois que d'autres ne m'adressent pas la parole parce qu'ils se sentent supérieurs.
- ❏ Je baisse le regard quand je croise quelqu'un.
- ❏ Je ne salue personne parce que de toute façon personne ne me connaît et personne ne s'intéresse à moi.
- ❏ Je suis timide (ou d'autres me considèrent comme timide) parce que je crois que je n'ai rien à dire.
- ❏ Je viens d'une famille de perdants et moi aussi je suis un perdant.
- ❏ Je n'arrive pas à comprendre pourquoi Dieu m'a créé.
- ❏ Je n'arrive pas à m'estimer moi-même.

2. L'infériorité conduit à l'égocentrisme

- ❏ Je me sens souvent gêné et concentré sur moi-même.
- ❏ Je me compare souvent aux autres et par là-même, je reste centré sur moi.
- ❏ Je me demande souvent ce que les autres pensent de moi et cela provoque en moi un sentiment profond d'insécurité.

3. L'infériorité fait qu'en nous comparant aux autres, nous occuperons toujours la place inférieure

- ❏ Je me compare constamment aux autres et la plupart du temps, j'en sors perdant.
- ❏ J'ai peur de parler avec des gens que je considère comme mes supérieurs.
- ❏ J'envie les autres à cause de leurs amis, leur couple, leurs enfants, leur travail, leur position, leurs possessions, leur apparence, leurs capacités et leurs talents.
- ❏ J'envie les autres pour leur allure et leur manière de se présenter.
- ❏ Je construis des amitiés uniquement avec des gens que je considère de statut égal ou inférieur à moi-même.

4. L'infériorité nous conduit à craindre et à éviter les défis sains qui nous sont donnés par Dieu pour notre croissance (passivité)

- ❏ Je suis soulagé quand une responsabilité est confiée à quelqu'un d'autre plutôt qu'à moi.
- ❏ J'ai peur de prendre des responsabilités par crainte d'un échec.
- ❏ Je préfère rester en arrière-plan et anonyme.
- ❏ Je préfère qu'on me confie des tâches faciles que je peux accomplir avec mes capacités naturelles.
- ❏ Je préfère faire de choses que je maîtrise bien.
- ❏ Je préfère parler uniquement avec les gens que je connais.
- ❏ Je préfère éviter les risques (parler en public, prendre des responsabilités, ...)
- ❏ J'ai très peur d'échouer, donc je cherche à minimiser mon engagement.
- ❏ Je préfère rester seul parce que cela me procure plus de sécurité et moins de travail.
- ❏ Je me sens incapable de témoigner de l'évangile. Je crois que c'est aux autres de le faire.
- ❏ Quand je suis forcé à prendre des risques, je cherche à traverser la situation le plus rapidement possible.
- ❏ Quand je suis forcé à prendre des risques, je m'épuise rapidement.
- ❏ Je ne trouve aucune joie dans les défis que Dieu me donne.

5. L'infériorité est basée sur l'incrédulité quant à notre autorité en Christ et à notre place dans son corps

- ❏ Je ne crois pas que Dieu prenne au sérieux mes prières.
- ❏ J'ai de la peine à concevoir que Dieu m'ait créé pour un but important.
- ❏ J'ai l'impression d'avoir peu d'importance pour Dieu.
- ❏ Lorsqu'un pasteur parle du défi de combattre pour Christ, j'ai l'impression qu'il parle à d'autres personnes.

☐ J'ai l'impression que personne ne me connaît ou me voit.

☐ Je doute que Dieu me parle.

☐ Souvent je remets en question la présence de Dieu dans ma vie.

☐ Je ne crois pas que j'ai de l'autorité spirituelle; tout ce que je fais me semble faible ou mou.

☐ Je suis incapable de voir ma destinée (même quand quelqu'un essaie de me la montrer), ni comment je peux contribuer à faire avancer le Royaume de Dieu.

6. L'infériorité trouve le réconfort dans la pitié de soi

☐ Je tiens d'autres personnes responsables pour le fait que je ne vois rien de bien en moi-même.

☐ Mes parents n'étaient pas très encourageants à mon égard, c'est pourquoi je n'arrive pas à croire en moi-même.

☐ C'est mon caractère qui est comme ça – c'est Dieu qui m'a créé ainsi !

☐ J'ai l'impression d'être la victime d'une vie dure.

☐ Personne ne m'a jamais béni, donc il ne faut pas attendre grand chose de moi.

7. L'infériorité nous conduit à critiquer ceux qui sont différents de nous

☐ Je critique les autres parce que je ne peux pas ou ne veux pas faire certaines choses comme eux.

☐ Je critique les autres lorsqu'ils me défient parce que je me sens incapable de changer.

☐ Je critique les autres parce que je crois qu'ils se sentent supérieurs.

8. L'infériorité nous conduit à retenir une bénédiction pour les autres

☐ Je ne bénis pas les autres parce que je crois que je n'ai rien à leur donner.

☐ Je ne bénis pas les autres parce que je crois que mes pensées et mes encouragements les laissent de toute manière indifférents.

☐ Je ne bénis pas les autres parce que je crains qu'ils puissent me dépasser (je me sens incertain et menacé par eux).

9. L'insignifiance cherche l'approbation des autres

☐ Si je ne reçois pas d'encouragement ou de reconnaissance, je me sens rejeté.

☐ Je fais ce que les autres désirent que je fasse.

☐ Je dis des choses afin d'être reconnu par les autres.

☐ Je me sens désécurisé lorsque d'autres pensent du mal de moi.

☐ Je déteste les conflits irrésolus.

10. L'infériorité conduit à l'ambition

☐ J'ai de la peine à gérer les échecs.

☐ Le succès a une grande priorité pour moi.

☐ Je m'estime moi-même et les autres sur la base des succès remportés.

☐ Je considère le succès comme fort désirable.

☐ J'aimerais bien que les autres aient une opinion élevée de moi.

☐ Je tiens fortement à ma réputation.

III. Etre affranchi de l'infériorité et de l'insignifiance

Nous vous proposons la démarche de prière suivante :

A. Reconnaissez

Seigneur Jésus, je te demande pardon pour la manière dont j'ai permis à l'infériorité et l'insignifiance de marquer ma vie et les vies de ceux qui m'entourent. (Demandez pardon spécifiquement pour les points que vous avez cochés ci-dessus et tout ce dont vous êtes conscients dans chacune des catégories.) Je te demande pardon d'avoir marché dans l'incrédulité concernant ton amour pour moi, la manière dont tu m'as créé et tes plans pour moi. Je reconnais cela comme un péché. Je m'en détourne et je m'engage à briser ces schémas d'infériorité et d'insignifiance dans ma vie.

B. Résistez

Au nom et dans l'autorité de Jésus, je renonce à tout esprit d'infériorité et d'insignifiance et je les chasse. Je prends autorité sur chaque domaine de ma vie que j'ai laissé sous l'influence de l'infériorité et de l'insignifiance. Tout esprit de colère, de jalousie, de comparaison, de pitié de soi, d'incrédulité, de rébellion, d'insécurité et de mensonge doit partir de moi et aller aux pieds de Jésus. Dans l'autorité que j'ai en Jésus, je renonce à tout esprit qui voudrait me mentir sur qui est Dieu et sur ce qu'il dit à mon sujet.

C. Remplacez

Je remplace tout mensonge de l'ennemi par la vérité de qui est Dieu et de ce que Dieu dit de moi. Je choisis de croire que je suis précieux, aimé par Dieu, choisi par lui et qu'il ne me refuse aucun bien.

D. Recevez

Seigneur Jésus, je reçois le pardon que tu m'as promis. Je te prie de me remplir de ton Saint-Esprit et je le reçois par la foi pour vivre une vie surnaturelle. Je reconnais et reçois que je suis important à tes yeux, que tu m'aimes, que tu m'accordes ta faveur, que tu m'as créé de manière merveilleuse et que tu as des plans merveilleux pour ma vie.

IV. Vivre libéré de l'infériorité et de l'insignifiance

Pour vivre une vie libre de la forteresse de l'infériorité et l'insignifiance, nous devons saisir notre acceptation et notre valeur en Christ et nous devons le manifester par nos paroles et nos actes.

Nous vous invitons à recevoir et affirmer ces vérités et à chercher à vivre en conséquence :

Dieu m'aime beaucoup.

C'est une offense pour lui si vous vous rabaissez vous-mêmes et si vous doutez de votre valeur. Vous n'avez pas le droit de déclarer « impur » ce que Dieu a déclaré « pur ». (voir Actes 10.15)

Dieu m'honore.

Il vous a accepté et a fait de vous son enfant. Il vous appelle à faire partie de sa « communauté de rois-prêtres » dans son royaume. (1 Pierre 2.9-10) Vous devez vivre en conséquence et ne pas confondre le fait de se rabaisser soi-même avec l'humilité.

Dieu m'accorde une grande valeur.

Christ est mort pour vous alors que vous étiez encore pécheur. (Romains 5.8) Au travers de cela, Dieu a fait une déclaration de votre valeur dans les lieux célestes. Ne penchez pas votre tête comme si vous n'aviez pas de valeur – vous avez été racheté à un grand prix.

Dieu pourvoit généreusement pour moi.

Il se réjouit de vous donner de bonnes choses. Il ne laissera jamais ses justes les mains vides. Il vous a donné tous les dons spirituels dont vous avez besoin pour accomplir votre destinée. Ne vous laissez pas intimider par vos propres manquements – il vous donnera tout ce dont vous avez besoin. (Philippiens 4.19)

Dieu a un bon plan pour moi.

Il vous a choisi avant la création du monde. (Ephésiens 1.4) Il pense à vous depuis longtemps !

Dieu m'a donné des dons en abondance.

Après son ascension, suite à sa victoire à la croix, Jésus a mené un cortège de triomphe dans les cieux où il a distribué les fruits de sa victoire. Cela consiste en partie en dons spirituels qu'il donne par le Saint-Esprit à tous ceux qui lui appartiennent pour qu'ils puissent collaborer avec lui dans la construction de son royaume (voir Ephésiens 4.7-13). Vous aussi, vous avez reçu des dons spécifiques dans un but spécifique dans ce processus !

Je suis un sujet de joie pour Dieu.

Il se réjouit tellement à votre sujet qu'il est transporté de joie (Sophonie 3.17) ! Rappelez-vous ce qu'il a dit à Jésus au moment de son baptême : « Tu es mon Fils bien-aimé, tu fais toute ma joie ! » (Marc 1.11) La Bible nous répète constamment que nous sommes maintenant « en Christ ». Vous êtes son enfant bien-aimé! Vous n'avez pas besoin de vous prouver vous-mêmes votre valeur. Le Père vous appelle son enfant bien-aimé!

V. Passages bibliques

Proverbes 14.30 *Un coeur paisible contribue à la vie du corps ; mais l'envie est comme une maladie qui ronge les os.*

Jérémie 29.11 *Car moi je connais les projets que j'ai conçus en votre faveur, déclare l'Eternel : ce sont des projets de paix et non de malheur, afin de vous assurer un avenir plein d'espérance.*

Romains 12.6 *Et Dieu nous a accordé par grâce des dons différents.*

Ephésiens 4.7 *Cependant, chacun de nous a reçu la grâce de Dieu selon la part que le Christ lui donne dans son oeuvre.*

Jacques 3.16 *Car là où règnent la jalousie et l'esprit de rivalité, là aussi habitent le désordre et toutes sortes de pratiques indignes.*

1 Jean 3.1 *Voyez combien le Père nous a aimés pour que nous puissions être appelés enfants de Dieu et nous le sommes ! Voici pourquoi le monde ne reconnaît pas qui nous sommes : c'est qu'il n'a pas connu le Christ.*

La passivité

Jésus a enseigné que ce sont les violents qui s'emparent du Royaume de Dieu (Mt 11.12). Assurément, il n'était pas en train de dire que le Royaume de Dieu se construit par la violence physique. Il parlait plutôt de la violence dans le sens de prendre des initiatives ou de faire un effort.

Les mots « violence » et « violent » dans ce passage sont basés sur les mots grecs « biastes » et « biazo » qui ont la signification de se frayer un chemin ou de triompher sur l'opposition. Le même mot est utilisé en Actes 27.41 pour parler de la violence des vagues de la mer. De la même façon que les vagues se brisent constamment et incessamment contre les côtes, ainsi devrions-nous rechercher Dieu avec détermination et nous empresser de faire sa volonté.

Dans le chapitre sur la foi dans l'épître aux Hébreux, l'auteur parle de gens dont la foi a transformé leur faiblesse en force – « dynamis » – cette force dont nous avons parlé dans le chapitre sur l'autorité et la puissance. Cette transformation les a rendu capables de devenir des combattants vaillants et de mettre en fuite leurs ennemis (Hébr 11.34). Avec cette force et cette puissance spirituelle, certaines femmes ont vu leurs proches ressusciter des morts (v. 35) !

Pour être véritablement librérés des attaques de l'ennemi dans nos vies et pour que le Royaume de Dieu progresse dans nos vies et notre monde, nous devons agir avec la force, la puissance et l'autorité de Jésus-Christ. Nous sommes appelés et équipés à être « plus que vainqueurs » (Rom 8.37). Mais l'esprit de passivité cherche à étouffer la puissance et l'autorité de Christ en nous. Il cherche à nous rendre faibles, démunis et inefficaces. Il nous attaque en plein centre du dessein originel de Dieu pour nous : être porteurs de son image et son autorité sur la terre.

I. Racines de la passivité

L'esprit de passivité utilise différentes manières pour étouffer le feu de Dieu en nous, mais cela commence toujours dans nos pensées. Qu'est-ce qui nous empêche de vivre de manière déterminée notre vie, nos relations, nos activités et notre ministère ? Regardons les racines suivantes qui peuvent contribuer à notre passivité (ou manque d'initiative, d'activité et d'obéissance) :

- Découragement
- Sentiment d'impuissance et d'oppression
- Dépression
- Intimidation
- Recherche du confort
- Procrastination (repousser à plus tard)
- Peurs diverses: peur de l'échec, peur de la confrontation, peur du rejet etc.
- Paresse

II. Reconnaître la passivité

La passivité est l'inactivité quand l'obéissance à Dieu serait demandée. Cela peut inclure un manque d'inititative, l'hésitation à obéir à l'Ecriture et aussi la soumission à une injustice sans objection ou sans résistance.

❏ La passivité ne vient pas de Dieu, elle est une forme de rébellion.
❏ Elle occupe la place qui devrait être occupée par l'action.
❏ Dieu nous appelle à sortir de la passivité. Il nous demande d'être actifs dans notre foi, dans la construction de nos relations, dans le service et dans chaque domaine de notre vie.

Proverbes 20.4 *A la saison froide, le paresseux n'a pas envie de labourer, au temps de la moisson, il cherche à récolter, mais ne trouve rien.*

Proverbes 10.4 *La main nonchalante appauvrit, mais la main active enrichit.*

Hébreux 6.11-12 *Mais nous désirons que chacun de vous fasse preuve du même zèle pour amener votre espérance à son plein épanouissement jusqu'à la fin. Ainsi vous ne vous relâcherez pas, mais vous imiterez ceux qui, par leur foi et leur attente patiente, reçoivent l'héritage promis.*

Parcourez les listes suivantes en priant. Demandez au Saint-Esprit de mettre en lumière chaque aspect de la passivité dans votre vie. Cochez tout ce qui convient:

1. La passivité est une forme d'indépendance qui conduit à l'isolation

❏ Je refuse l'interdépendance avec d'autres.
❏ Je ne demande pas d'aide aux autres membres de ma communauté.
❏ Je ne propose pas mon aide aux autres membres de ma communauté.
❏ Je me considère comme un chrétien « privé », je suis réservé et réticent.
❏ Je critique souvent ce qui se passe dans ma communauté. J'ai des réserves au sujet de ses responsables (je vois trop de choses qui ne me conviennent pas); je préfère garder mes distances et ne pas trop m'impliquer.
❏ J'ai tendance à observer les activités des autres (dans mes relations et mon ministère) et je me sens rarement motivé ou digne de m'impliquer.
❏ Je n'ai pas l'impression d'avoir besoin des autres.
❏ Je ne me sens pas digne d'être en relation avec les autres.

2. La passivité est une forme de résistance ou de rébellion

❏ Je résiste au pardon de Dieu en manquant de m'approprier l'autorité que Jésus m'a donnée sur ma vie, donc sur mon péché.
❏ Je résiste à l'obéissance à Dieu en permettant que le péché reste dans ma vie.
❏ Je ne cherche pas à changer.
❏ Je me suis tellement habitué aux péchés dans ma vie que cela m'est devenu égal.
❏ Je ne crois pas qu'il soit utile de prendre autorité sur le péché dans ma vie.
❏ Je refuse de recevoir les dons de l'Esprit.
❏ Je ne crois pas que Dieu veuille me donner des dons surnaturels pour agir au travers de moi.
❏ Je ne suis pas sûr que les dons de l'Esprit soient authentiques ou qu'ils soient valables pour aujourd'hui, donc je préfère garder mes distances.
❏ Je m'attends à ce que d'autres reçoivent des dons, mais pas moi.
❏ J'évite les positions de responsabilité parce que je ne veux pas supporter autant de pression.
❏ Je ne veux pas faire comme les autres; je veux rester fidèle à moi-même.
❏ Cela ne me ressemble pas de m'impliquer davantage et je ne veux pas qu'on me pousse à le faire.
❏ Je n'ai pas la personnalité d'un leader et je ne peux pas être proactif.
❏ Si seulement un tel (personne spécifique) se taisait et permettait aussi à d'autres de prendre la parole / diriger / initier quelque chose, je m'impliquerais peut-être davantage. (esprit critique, jugement)

3. La passivité accepte la pitié de soi

❏ J'ai tellement l'habitude d'avoir des sentiments tels que la peur et le rejet que je pense que les choses seront toujours ainsi.
❏ Je me complais dans mon état actuel.
❏ Je suis une victime et je ne sais pas comment les choses pourraient être autrement.
❏ Les autres n'ont aucun droit de me demander de changer. Je considère que les autres sont responsables de mon comportement et mon attitude.

4. La passivité recherche le confort

❏ Je ne vois rien à changer à mon état spirituel. Ma vie avec Dieu n'a pas besoin de changer.
❏ Je ne vois rien à changer à mes émotions. J'ai toujours lutté avec certaines choses (p.e.x dépression, insécurité, timidité, peur, solitude, etc.). Les choses sont ainsi, pourquoi devrais-je me démener pour chercher une solution ?
❏ Je ne vois rien à changer concernant mon corps. Ce que les autres pensent de mon apparence m'est égal. S'ils n'aiment pas ce qu'ils voient, c'est leur problème.

5. La passivité nous ment

Je justifie ma passivité par les affirmations suivantes :

☐ « Si c'était vraiment à moi de prendre l'initiative ou de changer quelque chose, j'en sentirais certainement l'envie. »

☐ « Si j'essaie quelque chose de nouveau, je risque l'échec. »

☐ « Ces choses ne sont simplement pas pour moi! »

☐ « Je suis bien comme je suis, donc je n'ai pas besoin de changer ou de rechercher la liberté. »

☐ « Je trouve un certain réconfort dans le sentiment d'être une victime et de pouvoir m'apitoyer sur moi-même. »

☐ « Je n'ai pas besoin qu'on me dise ce que je dois faire. »

III. Etre affranchi de la passivité

Nous vous proposons la démarche de prière suivante :

A. Reconnaissez

Confessez toute passivité et la manière dont vous l'avez utilisée pour rechercher le confort ou l'indépendance. Confessez tout ce qui convient dans les listes précédentes et tout ce qu'il faudrait encore y ajouter sur ce sujet. Demandez pardon à Dieu et remerciez-le pour son pardon.

B. Résistez

Résistez à tous les mauvais esprits de passivité qui vous ont bombardé avec des mensonges au sujet de votre véritable nature et de votre appel et qui vous ont conduit à la passivité dans différents domaines de votre vie. Confrontez-les dans l'autorité de Jésus-Christ. Placez-les sous vos pieds comme la parole de Dieu le dit. Rejetez-les totalement, ainsi que l'influence qu'ils ont pu exercer dans votre vie.

C. Remplacez

Remplacez l'esprit de passivité par la vérité au sujet de la nature de Dieu et de sa volonté pour votre vie. Commencez à vivre avec initiative et passion pour Dieu et pour tout ce qui est juste à ses yeux. Engagez-vous à rompre les habitudes de passivité en prenant des initiatives et en étant « agressif » dans votre recherche de Dieu et de ses voies.

D. Recevez

Recevez le pardon de Dieu pour le péché de passivité. Recevez son don de purification de votre péché et remerciez-le. Demandez et recevez la plénitude du Saint-Esprit qui vous rend capable de mener une vie qui refuse la passivité et qui manifeste l'initiative et la passion pour Dieu, sa gloire, l'avancement de son règne et l'obéissance envers lui.

IV. Vivre libéré de la passivité

Sortir de la passivité nous demande de renoncer à notre égocentrisme, d'entrer dans le don de soi et de nous abandonner à Dieu. Cela nous demande aussi de saisir par la foi l'autorité et la puissance que Jésus nous a données. Nous devons mettre de côté nos bonnes résolutions et notre recherche de confort pour chercher activement à obéir à Dieu. Nous commençons à prendre l'inititiative de bénir d'autres, les servir et les encourager, à faire les œuvres de Jésus et à surmonter tous les mauvais plans de l'ennemi. Affirmez les vérités et déclarations suivantes pour votre vie :

☐ Je veux prendre l'initiative dans les conversations et les activités avec d'autres. Je veux aller vers eux et non pas attendre qu'ils viennent vers moi.

☐ Même quand je n'en ressens pas l'envie, je veux prendre autorité sur les habitudes pécheresses telles que la pitié de soi ou la victimisation. Je ne permets pas au péché de demeurer en moi. Je veux saisir l'autorité que Christ me donne!

☐ Je veux faire les choses que je dois faire, même quand je n'en ai pas envie.

☐ Je veux commencer à bénir les autres, les encourager et les servir.

☐ Je ne veux pas partir de l'idée que quelqu'un d'autre va s'occuper d'un problème. Je veux prendre la responsabilité et agir.

☐ Je ne veux pas confondre la recherche de la paix et la passivité. Je reconnais que l'inactivité n'a rien à voir avec la paix. Jésus amenait la paix, mais il s'est toujours engagé contre le mal, l'injustice et le péché, à la fois spirituellement et pratiquement.

☐ Je veux faire de la prière et de la lecture de la Bible une priorité quotidienne dans ma vie et je veux mettre cette résolution en pratique.

☐ Je veux être réceptif aux impulsions du Saint-Esprit. Je ne veux pas m'y soustraire en disant « Ce n'était que mon imagination » ou « Je pourrai le faire plus tard... »

☐ Quand le Saint-Esprit me convainc d'un péché dans mes pensées, paroles, actes ou attitudes, je veux m'en repentir tout de suite et aller dans le sens inverse. Je ne veux pas tolérer le péché dans ma vie!

☐ Quand le Saint-Esprit me parle et me pousse à partager une parole d'encouragement, de discernement, de guérison ou d'espérance avec quelqu'un, je veux le faire!

☐ Je veux tenir mes engagements et mes promesses. Quand j'ai promis de faire quelque chose, je veux le faire!

V. Passages bibliques

Jacques 4.17 *Celui qui sait faire le bien et ne le fait pas, se rend coupable d'un péché.*

Proverbes 20.4 *A la saison froide, le paresseux n'a pas envie de labourer, au temps de la moisson, il cherche à récolter, mais ne trouve rien.*

Hébreux 6.11-12 *Mais nous désirons que chacun de vous fasse preuve du même zèle pour amener votre espérance à son plein épanouissement jusqu'à la fin. Ainsi vous ne vous relâcherez pas, mais vous imiterez ceux qui, par leur foi et leur attente patiente, reçoivent l'héritage promis.*

Actes 20.34-35 *Regardez mes mains : ce sont elles, vous le savez bien, qui ont pourvu à mes besoins et à ceux de mes compagnons. Je vous ai montré partout et toujours qu'il faut travailler ainsi pour aider les pauvres. Souvenons-nous de ce que le Seigneur Jésus lui-même a dit : « Il y a plus de bonheur à donner qu'à recevoir. »*

1 Corinthiens 9.24-25 *Ne savez-vous pas que, sur un stade, tous les concurrents courent pour gagner et, cependant, un seul remporte le prix ? Courez comme lui, de manière à gagner. Tous les athlètes s'imposent une discipline sévère dans tous les domaines pour recevoir une couronne, qui pourtant sera bien vite fanée, alors que nous, nous aspirons à une couronne qui ne se flétrira jamais.*

2 Timothée 2.6-7 *C'est au cultivateur qui travaille dur d'être le premier à jouir de la récolte. Réfléchis bien à ce que je te dis et le Seigneur te donnera de comprendre toutes ces choses.*

Le rejet

Nous vivons dans une société qui valorise ceux qui gagnent. Nous vivons dans un système qui favorise les premiers et rejette les deuxièmes. Nous apprenons dès notre naissance que ce sont toujours ceux qui sont les plus forts, les plus talentueux et les plus attrayants qui sont choisis. Tous ceux qui n'entrent pas dans ces catégories – donc la plupart d'entre nous – sont perdants dans l'histoire. Par conséquent, avant même que nous expérimentions une attitude ou une action spécifique contre nous, nous sommes préparés à vivre toute notre vie en luttant contre le rejet.

Le rejet se trouve à la base de nombreuses forteresses, péchés et disfonctionnements. Il affecte la personnalité entière. Il ne se dirige pas seulement contre la personne elle-même, mais il agit au détriment de toutes les relations humaines – au niveau du couple, de la famille, du travail, du ministère et de la vie en société. Au début de notre vie, tout est déjà préparé par le système de ce monde qui est sous le contrôle de Satan, appelé aussi « l'accusateur des frères » (Apocalypse 12.10). Alors que nous languissons après l'amour et l'acceptation, nous rencontrons souvent le rejet en cours de route. Nous apprenons à croire aux mensonges, avec lesquels nous sommes nourris, au sujet de notre valeur et de l'amour de notre Père céleste pour nous.

Cependant, une fois que nous sommes en Christ, nous ne sommes plus contraints de participer au système de ce monde. Nous ne sommes plus rejetés, mais nous sommes **acceptés** (Romains 15.7). **Rien** ne peut nous séparer de l'amour de notre Père céleste (Romains 8.38-39) et nous n'avons plus besoin de croire aux mensonges qui nous disent le contraire. Au contraire, nous devons faire face à ces mensonges, identifier leur nature et leur source, et les détruire totalement avec l'épée de l'Esprit, la parole de Dieu.

I. Les racines du rejet

- père et / ou mère absents
- manque de lien avec les parents
- divorce des parents
- enfant non-désiré; ou enfant du « mauvais » sexe
- adoption
- concurrence avec les frères et soeurs
- différents types d'abus (physique, émotionnel, sexuel)
- parents souffrant de dépendances
- honte d'un membre de la famille
- bagarres et conflits constants
- punitions injustes
- manque d'intérêt aux activités d'un enfant
- différentes formes et degrés de négligence ou d'abandon
- vivre avec un handicap
- insatisfaction avec notre apparence ou nos capacités
- infidélité du conjoint
- divorce

- rupture relationnelle importante
- perte d'emploi
- trahison d'un ami
- décès inattendu et précoce d'une personne proche
- abus spirituel, blessure ou trahison dans le cadre d 'une église
- préjugés racistes
- distinctions de classes

II. Les conséquences du rejet

- Il conduit les gens à se fier à leurs propres mécanismes de compensation plutôt qu'à la vérité de Dieu et à la puissance du Saint-Esprit.
- Il conduit à la rébellion, ce qui peut inclure une attitude agressive, un langage abusif, des querelles, des contestations, des conflits, etc.
- Il encourage l'orgueil, l'égocentrisme et l'arrogance.
- Il peut conduire au contrôle, à la manipulation et à l'esprit possessif.
- Il incite à rejeter les autres.
- Il conduit des gens à refuser la consolation qu'ils pourraient recevoir.
- Il encourage la dureté, le scepticisme et l'incrédulité.
- Il conduit au rejet de soi (mauvaise estime de soi, infériorité, insécurité, insuffisance, tristesse et chagrin)
- Il nourrit l'accusation et le jugement de soi.
- Il entrave la communication avec les autres (c'est très difficile de parler de choses profondes avec une personne qui se sent rejetée).
- Il nourrit des peurs, des craintes, des soucis, des pensées négatives et pessimistes.
- Il produit la dépression et le désespoir.
- Il incite à l'autodestruction en pensées et en actes.
- Il nourrit une vie, des relations et un ministère basés sur la performance.
- Il produit la rivalité et le perfectionnisme.
- Il pousse au retrait, à l'isolation et à l'indépendance.
- Il encourage l'auto-protection, l'égocentrisme, l'égoïsme, le narcissisme, la justification de soi-même et la pitié de soi. (Tout tourne autour du « moi »!)
- Il alimente la critique, les préjugés, l'envie, la jalousie et la convoitise.
- Il garde les gens dans l'immaturité émotionnelle.

III. Reconnaître le rejet

Parcourez la liste suivante en demandant au Saint-Esprit de mettre en lumière chaque domaine dans votre vie qui est marqué par le rejet. Cochez ce qui est vrai pour vous :

❒ Lorsque je suis confronté à des choses qui peuvent être perçues comme positives ou négatives, je les interprète comme négatives.

❒ Je perçois tout ce qu'on me dit au travers des lunettes du rejet.

❒ Je remets en question tout ce que j'ai dit et fait, et j'ai des pensées négatives au sujet de ce que les autres pourraient penser de moi.

❒ J'ai de la peine à aller vers les autres et à exercer mes dons spirituels.

❒ J'essaie souvent d'en faire trop, ou je passe d'une tâche à l'autre, en cherchant à être reconnu par Dieu et les autres.

❒ J'ai de la peine à recevoir quelque chose des autres, ou de leur montrer de l'amour et de l'estime.

❒ Quand quelqu'un me fait un compliment, je n'arrive pas à y croire.

❒ J'ai tendance à douter de personnes en position d'autorité, de les remettre en question et de me méfier d'elles.

❒ Je suis sceptique et je n'arrive pas à croire à l'amitié proposée par d'autres, ni à l'estime qu'ils me montrent.

❒ Les autres me perçoivent comme étant dur(e).

❒ Je dois lutter pour ne pas insulter les autres et utiliser de gros mots quand je suis en colère.

❒ Quand on me confronte au sujet de quelque chose, ma première réaction est de me justifier moi-même, voir même de devenir agressif.

❒ Je ne témoigne pas aux gens qui n'ont pas encore reçu le salut et je ne leur partage pas l'évangile.

❒ J'ai peur que moi-même ou des membres de ma famille pourraient ne pas être choisis par Dieu pour être sauvés.

❒ J'ai l'impression que je dois contrôler ma famille pour m'assurer que tous ses membres soient en sécurité et qu'ils réussissent. C'est ainsi qu'ils m'aimeront et me respecteront.

❒ J'ai des tendances possessives dans mes relations.

❒ J'ai une estime très pauvre de mon apparence, mes capacités et mes chances de succès dans la vie et dans le ministère.

❒ J'ai des tendances dépressives.

❒ Je me fais souvent du souci au sujet de la perception que les gens ont de moi, ou de mes enfants. Je m'inquiète au sujet de l'avenir (par ex. savoir si j'aurai assez d'argent pour vivre, etc...).

❒ J'ai besoin que les gens aient besoin de moi. C'est pour cela que je cherche constamment des situations que les autres sont apparemment incapables de gérer sans ma présence, mon aide, mes capacités, etc.

❒ Je me sens gêné de partager mes sentiments les plus profonds avec d'autres, même avec ceux qui me sont le plus proche.

❒ J'ai peur d'avouer mes faiblesses à mon conjoint, mes amis ou mes proches, parce que j'ai peur de paraître faible, de perdre mon autorité ou leur estime de moi.

❒ J'ai peur d'avouer mes faiblesses à mon conjoint, mes amis ou mes proches parce que je crains qu'ils puissent profiter de moi à cause de cela.

❒ Je suis en même temps critique et jaloux vis-à-vis de ceux qui semblent avoir plus d'assurance, s'expriment mieux, ont plus d'amis ou plus de possibilités que moi.

❑ Je suis compétitif et ambitieux. Je me dis qu'à défaut que les gens ne m'aiment, au moins qu'ils m'admirent.

❑ Je trouve mon réconfort dans la solitude; d'autres me considèrent comme solitaire.

A. Illusions de rejet

Les problèmes notés ci-dessus ont leurs racines dans la réalité - les situations qui ont provoqué le sentiment de rejet se sont réellement passées. Mais il y a aussi deux formes du rejet qui ne sont pas basées sur la réalité : les pensées de rejet et la peur du rejet. Ce sont des mensonges démoniaques qui cherchent à convaincre une personne qu'elle est l'objet d'un rejet présent ou imminent, alors que ce n'est en réalité pas le cas. De tels mensonges peuvent nous paralyser, nous priver de notre joie, et nous pousser à être constamment sur nos gardes à cause de ce que les autres pourraient penser de nous.

B. Pensées de rejet

❑ J'ai souvent l'impression que les autres parlent de moi derrière mon dos, même si ce n'est pas le cas.

❑ Je crois qu'ils se liguent contre moi, même si ce n'est pas vrai.

❑ Lorsque je suis confronté à des choses qui peuvent être perçues comme positives ou négatives, je les interprète comme négatives.

❑ Je reçois tout ce qu'on me dit au travers d'un filtre de rejet.

C. Peur du rejet

❑ Je suis souvent agressé par des pensées telles que: « Je ne peux pas faire ça ! » ; « Que pensera xy (nom d'une personne) de cela ? » ; « Que va penser xy de moi si je porte cela, fais cela, dis cela … ? »

❑ Je me sens incapable d'aller vers les autres et d'exercer mes dons spirituels pour les aider, les bénir, les encourager etc.

❑ Dans mes temps de culte personnel, je n'expérimente aucune intimité avec Dieu par crainte qu'il puisse me rejeter.

❑ Je me sens gêné durant la louange en public parce que je me demande ce que les autres pourraient penser de moi.

❑ J'ai beaucoup de craintes au sujet de mes relations avec les autres.

❑ Je n'arrive pas à réconforter ou à encourager les autres, même quand je ressens qu'ils en auraient besoin.

❑ Je n'ose pas faire des pas de foi par peur de me tromper, ou parce que je crains que les autres ne veuillent pas recevoir ce que j'ai à offrir.

❑ Je termine des relations avant que les autres aient une occasion de me blesser.

❑ J'ai peur de construire une relation durable avec une personne du sexe opposé parce que je crains la rupture que je vois comme inévitable.

IV. Etre affranchi du rejet

Lorsque vous priez contre la forteresse du rejet, identifiez toutes les personnes qui vous ont fait du mal ou vous ont rejeté (réellement ou selon votre perception). Ensuite pardonnez-leur et bénissez-les. Cela peut vous mener jusqu'à votre enfance. Ce n'est pas nécessaire de faire tout cela en une seule fois. Il vous faut peut-être plusieurs temps de prière pour aborder la forteresse du rejet. Utilisez les « 4 R » :

A. Reconnaissez

Confessez devant Dieu que votre vie a été marquée par la peur d'être rejeté, et que votre réaction a été caractérisée par le péché. Parcourez les listes précédentes pour découvrir et confesser ces fausses réactions et pour demander pardon à Dieu.

B. Résistez

Renoncez aux mensonges de l'ennemi et à toute son influence dans votre vie. Prenez autorité sur ses plans destructeurs destinés à vous lier, vous tromper quant à l'amour du Père pour vous et vous isoler.

C. Remplacez

Remplacez ces mensonges par la vérité et la confiance que Dieu vous aime et vous a accepté. Affirmez à haute voix les vérités ci-dessous. Renouvelez vos pensées en passant du temps avec Dieu, par la lecture de la Bible, la prière et la communion avec votre famille, vos amis et les membres de votre église.

D. Recevez

Recevez le pardon de Dieu et demandez-lui de vous remplir du Saint-Esprit. Demandez à Dieu de vous révéler son amour de manière toute nouvelle et personnelle. Sachez qu'il aime beaucoup exaucer ce genre de prières.

V. Vivre libéré du rejet

Décidez de pardonner à tous ceux qui vous ont blessé ou rejeté (réellement ou selon votre perception) et de les bénir. Faites la même chose dans les relations et les situations qui sont toujours en cours et dans lesquelles vous êtes rejeté. N'oubliez pas que l'ennemi cherche à nous inciter à l'amertume, aux ressentiments et à la colère. Si nous refusons de pardonner, cela deviendra comme un cancer qui rongera nos propres vies et nos relations avec ceux qui nous entourent. C'est la raison pour laquelle la Bible parle autant du pardon.

Matthieu 6.12; 14-15 *Pardonne-nous nos torts envers toi comme nous pardonnons nous-mêmes les torts des autres envers nous. (…) En effet, si vous pardonnez aux autres leurs fautes, votre Père céleste vous pardonnera aussi. Mais si vous ne pardonnez pas aux hommes, votre Père ne vous pardonnera pas non plus vos fautes.*

Romains 12.20-21 *Mais voici votre part : Si ton ennemi a faim, donne-lui à manger. S'il a soif, donne-lui à boire. Par là, ce sera comme si tu lui mettais des charbons ardents sur la tête. Ne te laisse jamais dominer par le mal. Au contraire, sois vainqueur du mal par le bien.*

Ephésiens 4.31-5.2 *Amertume, irritation, colère, éclats de voix, insultes : faites disparaître tout cela du milieu de vous, ainsi que toute forme de méchanceté. Soyez bons et compréhensifs les uns envers les autres. Pardonnez-vous réciproquement comme Dieu vous a pardonné en Christ. Puisque vous êtes les enfants bien-aimés de Dieu, suivez l'exemple de votre Père. Que toute votre vie soit dirigée par l'amour, comme cela a été le cas pour le Christ : il nous a aimés et a livré lui-même sa vie à Dieu pour nous comme une offrande et un sacrifice dont le parfum plaît à Dieu.*

❏ Mettez votre confiance en l'amour de Dieu pour vous – son amour énorme, inconditionnel et infini. Dieu n'a pas commis une erreur lorsqu'il vous a créé! Il a démontré son amour pour vous quand Jésus est mort pour vous à la croix, et il continue à vous aimer fidèlement à chaque instant. Alors que vous renoncez aux mensonges de l'ennemi et que vous démantelez ses forteresses, remplacez-les par la vérité au sujet de l'amour de Dieu pour vous.

1 Jean 3.1 *Voyez combien le Père nous a aimés pour que nous puissions être appelés enfants de Dieu et nous le sommes !*

Vivre ces vérités implique d'agir par la foi et non selon nos sentiments. Cela implique d'agir avec amour et confiance même quand nous avons peur que les autres puissent nous rejeter. Cela implique de pardonner et de continuer à pardonner quand ils nous rejettent réellement. Et cela peut impliquer aussi de prendre les résolutions suivantes et de vivre en conséquence :

❏ Je veux recevoir la vérité de la parole de Dieu à mon sujet: à quel point il m'aime, m'accepte et m'a démontré sa fidélité. Je veux renoncer aux mensonges de l'ennemi, qui ont peut-être été plantés dans mes pensées et cultivés depuis mon enfance (que je ne suis pas aimé, pas accepté, indigne et rejeté).

❏ Je veux me comporter envers les autres en fonction de la vérité de la parole de Dieu et non pas en fonction de mes peurs, mes blessures et mes insécurités. Je veux leur pardonner, les bénir, les aimer et les accepter.

❏ Je veux encourager les autres et leur montrer de l'estime.

❏ Je veux exprimer mes pensées et mes sentiments honnêtement devant les autres sans craindre d'être rejeté.

❏ Je ne veux plus réagir par la rébellion pour exprimer ma colère parce que je me sens rejeté.

❏ Je ne veux plus faire des choses pour les autres uniquement pour qu'ils m'aiment et m'acceptent. Je veux les servir avec mes dons spirituels selon la conduite du Saint-Esprit.

❏ Je ne veux pas cacher mes faiblesses et mes vulnérabilités devant mon conjoint.

❏ Je ne veux pas critiquer des gens qui semblent me rejeter ou qui semblent marcher dans plus de liberté, d'acceptation ou de confiance que moi.

❏ Je veux cultiver des attitudes, initier des actions et dire des paroles qui encouragent et qui réconfortent les autres.

❏ Je ne veux pas fuir dans la pitié de soi ou dans la solitude.

❏ Je veux être pleinement moi-même et me réjouir de plus en plus de la manière dont Dieu m'a créé.

❏ Je veux partager ma foi en Jésus-Christ chaque fois que le Saint-Esprit me donne une chance de le faire.

VI. Passages bibliques

Psaume 13.1, 6 *Jusques à quand, ô Eternel ? M'oublieras-tu sans cesse ? Jusqu' à quand seras-tu loin de moi ? (...) Pour moi, j'ai confiance en ta bonté. La joie remplit mon coeur à cause de ton grand salut. Je veux chanter en ton honneur, ô Eternel, tu m'as comblé de tes bienfaits.*

Psaume 27.1, 10 *Oui, l'Eternel est ma lumière et mon Sauveur : de qui aurais-je crainte ? L'Eternel protège ma vie : de qui aurais-je peur ? (...) Si mon père et ma mère devaient m'abandonner, l'Eternel me recueillerait.*

Psaume 66.20 *Loué soit Dieu, car il n'a pas repoussé ma prière, il me conserve son amour.*

Esaïe 41.9-10 *Toi que je suis allé chercher aux confins de la terre et que j'ai appelé de ses extrémités, toi à qui j'avais dit : „Tu es mon serviteur", je t'ai choisi et non pas rejeté : ne sois pas effrayé, car je suis avec toi ; ne sois pas angoissé, car moi je suis ton Dieu. Je t'affermis, je viens à ton secours, pour sûr, je te soutiens de mon bras droit qui fait justice.*

Esaïe 54.10 *Même si les montagnes se mettaient à bouger, même si les collines venaient à chanceler, mon amour envers toi ne bougera jamais ; mon alliance de paix ne chancellera pas, » déclare l'Eternel, rempli de tendresse pour toi.*

Romains 5.8 *Alors que nous étions encore des pécheurs, le Christ est mort pour nous.*

Romains 8.38-39 *Oui, j'en ai l'absolue certitude : ni la mort ni la vie, ni les anges ni les dominations, ni le présent ni l'avenir, ni les puissances, ni ce qui est en haut ni ce qui est en bas, ni aucune autre créature, rien ne pourra nous arracher à l'amour que Dieu nous a témoigné en Jésus-Christ notre Seigneur.*

Ephésiens 3.17-19 *Que le Christ habite dans votre coeur par la foi. Enracinés et solidement fondés dans l'amour, vous serez ainsi à même de comprendre, avec tous ceux qui appartiennent à Dieu, combien l'amour du Christ est large, long, élevé et profond. Oui, vous serez à même de connaître cet amour qui surpasse tout ce qu'on peut en connaître, et vous serez ainsi remplis de toute la plénitude de Dieu.*

La honte et le désespoir

La honte nous conduit à nous retenir dans tous les domaines de notre vie. En vivant dans son ombre, nous avons tendance à ne construire que des relations superficielles avec les autres. Nous n'arrivons pas à vivre courageusement dans la conscience de notre autorité en Jésus-Christ. Au lieu de cela, nous vivons dans la peur que quelqu'un puisse découvrir à quel point nous sommes incapables ou indignes (c'est du moins ce que nous croyons). La honte est comme un poids invisible que nous traînons derrière nous.

Cela ne correspond pas au plan de Dieu pour ses enfants. Sa parole dit : « Aucun de ceux qui s'attendent à toi ne connaîtra jamais la honte. » (Psaume 25.3). Il désire que nous lui apportions ces fardeaux dont nous avons honte et que nous permettions qu'il nous en débarrasse. Mais tant que nos péchés et la honte qui y est associée demeurent dans l'obscurité, ils font partie du royaume de Satan. Ils tombent sous sa juridiction – il a un droit légal à ce sujet. Mais quand nous confessons nos péchés et les exposons à la lumière, nous brisons le pouvoir que l'ennemi a acquis sur nous. Nous sommes alors pardonnés, restaurés et justifiés. Nous sommes libres !

1 Jean 1.9 *Si nous reconnaissons nos péchés, il est fidèle et juste et, par conséquent, il nous pardonnera nos péchés et nous purifiera de tout le mal que nous avons commis.*

Esaïe 61.10 *Je serai plein de joie, l'Eternel en sera la source. J'exulterai à cause de mon Dieu, parce qu'il m'aura revêtu des habits du salut et qu'il m'aura enveloppé du manteau de justice, comme le fiancé se pare d'un turban tout comme un prêtre, et comme la mariée s'orne de ses bijoux.*

I. Reconnaître la honte et le désespoir

Définition de la honte : sentiment douloureux de culpabilité suite à des actions mauvaises que l'on a commises ou à des abus que l'on a subis ; souvent une réaction à quelque chose qui est gardé en secret.

Termes proches: opprobre, embarras, indignité.

Définition du désespoir : ne voir aucune solution ou issue dans une situation difficile; n'avoir aucune attente d'une suite favorable, être déçu et abattu.

- La honte et le désespoir sont expérimentés comme étant de lourds fardeaux que l'on croit devoir porter durant toute sa vie.
- La honte et le désespoir ne viennent pas de Dieu.

Psaume 25.3 *Aucun de ceux qui s'attendent à toi ne connaîtra jamais la honte.*

Psaume 43.5 *Pourquoi donc, ô mon âme, es-tu si abattue et gémis-tu au-dedans de moi ? Mets ton espoir en Dieu ! Je le louerai encore, mon Sauveur et mon Dieu.*

- La honte est une conséquence du péché.

Proverbes 13.18 *Celui qui ne veut pas se laisser corriger tombera dans la misère et la honte, mais celui qui accepte les critiques sera honoré.*

- Le désespoir est une conséquence d'une difficulté à recevoir pleinement l'amour de Dieu.

Romains 5.5 *Or, notre espérance ne risque pas d'être déçue, car Dieu a versé son amour dans nos coeurs par l'Esprit Saint qu'il nous a donné.*

A. La honte

Cochez ce qui correspond à ce que vous vivez ou pensez :

1. La honte nous conduit à ne développer que des relations superficielles

❏ J'ai peur que les autres découvrent mon implication avec un certain péché.

❏ J'ai de la peine à construire des relations de confiance parce que je crains que cela ne devienne « trop personnel ».

❏ J'ai peur que d'autres puissent voir mon péché. Cela me conduit à fuir les autres et fuir Dieu.

❏ Je vis dans la peur constante d'être rejeté par les autres lorsqu'ils découvriront mon péché.

2. La honte conduit à un combat continuel contre l'auto-condamnation

❏ Je me bats contre des sentiments d'infériorité.

❏ J'ai tendance à entretenir des pensées négatives au sujet de moi-même et ces pensées m'accompagnent constamment.

❏ Quand je me compare aux autres, j'ai quasiment tout le temps l'impression d'être inférieur.

❏ Je me condamne moi-même pour un certain péché.

❏ Je cherche à compenser ces pensées de condamnation en m'efforçant d'avoir du succès dans d'autres domaines (au travail, à l'école, dans le sport, etc.). J'espère que cela fera taire les pensées de condamnation, mais cela ne marche pas vraiment.

3. La honte conduit à des sentiments profonds de culpabilité, de manque de valeur et même de honte de soi

❏ Je me sens souillé, impur ou répugnant.

❏ J'ai de la peine à vivre une relation personnelle avec Dieu parce que je me sens si loin de lui.

❏ Je me sens incapable de me pardonner à moi-même.

❏ J'ai l'impression que je ne pourrai jamais épouser une personne croyante parce qu'il /elle pourrait découvrir mon péché et me rejeter.

❏ Je ne crois pas que je pourrais diriger d'autres personnes parce que mon péché m'a rendu indigne / méprisable.

❏ Je me hais moi-même; je ne suis pas étonné lorsque d'autres ne veulent pas être mes amis ; de toute façon je ne mérite pas leur amitié.

4. La honte nous rappelle constamment notre péché

❏ Je ne peux pas arrêter d'y penser.

❏ Je cherche à oublier certains souvenirs honteux, mais je n'y arrive pas.

❏ J'ai des rêves inquiétants au sujet d'un certain péché.

5. La honte nous vole la joie d'être pardonné et bloque la guérison de Dieu

❏ Je ne crois pas que Dieu puisse me pardonner ce péché.

❏ J'ai de la peine à imaginer qu'un péché aussi grave puisse être pardonné.

❏ Je ne peux en parler à personne, même pas à Dieu, parce que c'est tellement honteux.

6. La honte nous ment

❏ Personne d'autre n'a jamais commis un péché aussi grave.

❏ J'ai commis la pire chose qu'on puisse faire.

❏ Je ne peux confier ce péché à personne, sinon je serai rejeté.

❏ Je ne serai plus jamais pur.

❏ Je n'aurai plus jamais de relations profondes avec d'autres personnes parce que je dois veiller à ce qu'ils ne découvrent pas la vérité au sujet de ce péché.

❏ Je suis dégoûtant.

❏ Je ne mérite pas d'épouser un conjoint chrétien.

❏ Je n'ai pas de valeur.

❏ Je ne peux pas diriger d'autres personnes.

Note: La honte vous tiendra dans ses griffes jusqu'à ce que vous surmontiez votre peur et confessiez le péché spécifique qui a provoqué cette honte. « Confessez vos péchés les uns aux autres et priez les uns pour les autres, afin que vous soyez guéris. Quand un juste prie, sa prière a une grande efficacité. » (Jacques 5.16)

Confessez chaque domaine devant une autre personne, et ensuite priez selon les « 4 R ». Ne retenez rien. Normalement, les hommes devraient confesser aux hommes, et les femmes aux femmes. Comme la haine de soi est souvent liée à la honte, demandez aussi pardon pour cela. Après l'avoir fait, procédez selon les « 4 R ».

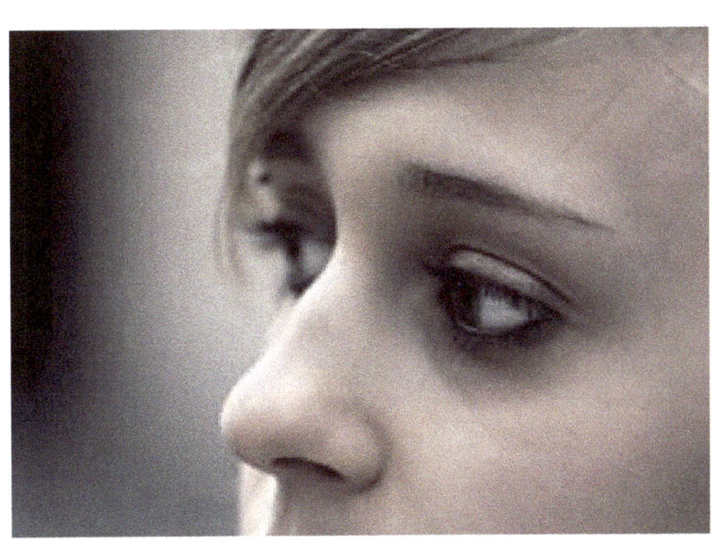

B. Le désespoir

1. La passivité augmente l'effet du désespoir.
- ❑ J'ai de la peine à passer du temps avec Dieu.
- ❑ Je pense souvent: « De toute façon, cela ne servirait à rien. »
- ❑ Je n'initie pas de conversations avec mes amis, membres de ma famille ou collègues de travail.
- ❑ J'attends que d'autres personnes prennent l'initiative et viennent à ma rencontre, là où je suis.
- ❑ Je ne crois pas que ma contribution soit nécessaire, alors je me distancie des autres et de leurs projets.
- ❑ Je ne crois pas que cela changerait quelque chose de confesser le péché dans ma vie, donc je ne le fais pas.
- ❑ J'ai peu de passion pour l'oeuvre de Dieu (l'évangélisation, la prière, le service, la parole de Dieu).
- ❑ Je subis beaucoup de choses dans ma vie.
- ❑ Je crois que c'est souvent trompeur d'espérer quelque chose.
- ❑ Je manque de motivation pour prier et lire la Bible.
- ❑ En fait, je manque de motivation pour la plupart des choses dans ma vie, en particulier pour tout ce qui est en lien avec Dieu.
- ❑ J'ai l'impression que le péché va toujours me contrôler, donc je ne vois pas de raison de vouloir le surmonter.

2. La pitié de soi et l'introspection sont au centre du désespoir.
- ❑ Mes pensées tournent beaucoup autour de moi-même, autour de ce que je sais ou ne sais pas faire.
- ❑ Beaucoup de gens dans mon entourage luttent contre la pitié d'eux-mêmes.
- ❑ Pour être honnête, je n'ai pas beaucoup de bons amis.
- ❑ Mes attentes envers les autres sont plutôt élevées.

3. Le désespoir est souvent accompagné de sentiments d'infériorité et de victimisation.
- ❑ Je crois qu'il n'y a que peu de choses que l'on puisse faire dans ma situation – il me semble que je suis à la merci d'autres personnes.
- ❑ J'ai l'impression que ma vie se déroule dans une prison, et cela à cause de ce que d'autres m'ont fait.
- ❑ Je n'aime pas partager mes amis avec d'autres parce que je crains qu'ils me soient enlevés par ceux qui sont meilleurs que moi ou qui ont plus que moi.
- ❑ Je suis protecteur et avare en ce qui concerne mes possessions et mes relations parce que j'ai peur de me faire voler.
- ❑ Je ne me sens pas libre de partager mes pensées dans un groupe parce que ce que j'ai à dire sera probablement rejeté ou ignoré.
- ❑ Je me sens incapable de faire des pas par la foi et la confiance en Dieu pour emprunter des chemins nouveaux.

- ❑ J'ai peu d'estime de moi.
- ❑ En pensant aux moyens limités que j'ai, je prends peu de risques.
- ❑ Je suis contrarié quand Dieu élève les autres parce que j'ai l'impression que la vie n'est pas juste à mon égard.
- ❑ Je mène une vie passive. C'est toujours quelqu'un d'autre qui prend l'initiative et la responsabilité.

4. Le manque de reconnaissance ouvre la porte au désespoir.
- ❑ J'ai de la peine à penser aux choses pour lesquelles je pourrais remercier Dieu.
- ❑ Je ne me souviens pas quand j'ai remercié Dieu la dernière fois pour son aide.
- ❑ Quand j'aimerais remercier Dieu, j'ai de la peine à trouver des raisons.
- ❑ Pourquoi devrais-je être reconnaissant si je n'ai rien ou peu à espérer?
- ❑ Parfois je me demande si je ne vais jamais sortir de ce cycle de découragement.

II. Etre affranchi de la honte et du désespoir

Nous vous proposons la démarche de prière suivante :

A. Reconnaissez
Seigneur Jésus, je te demande pardon d'avoir porté la honte et le désespoir. Je regrette d'avoir permis qu'ils marquent ma vie. Je vois maintenant combien ils m'ont affecté, ainsi que les gens autour de moi. Je les confesse comme étant des péchés. La honte et le désespoir ne viennent pas de toi ! (Prenez maintenant chaque point que vous avez coché, et demandez à Dieu de vous pardonner dans chacun de ces domaines.)

B. Résistez
Seigneur, je renonce à la honte et au désespoir dans toutes leurs manifestations. Cela ne correspond pas à ton plan. Je prends autorité sur tous les esprits de honte et de désespoir qui ont essayé de me séparer de l'amour de mon Père céleste. Je les confronte dans l'autorité de Jésus-Christ, et je leur ordonne de fuir ! Je refuse d'écouter leurs mensonges ! Selon la parole de Dieu, je les place sous mes pieds et je brise toute influence qu'ils ont exercée dans ma vie !

C. Remplacez
J'échange la vie par la honte avec une vie d'acceptation, parce que j'ai été véritablement accepté en tant qu'enfant de Dieu. Je remplace le désespoir par une vie de joie, de paix, de courage, de détermination, de force, d'amour et d'autorité, pour donner

à ceux qui m'entourent une raison de me demander d'où vient l'espoir que je manifeste. Je veux vivre dans la confiance et la foi qui appartiennent à tous ceux qui sont enfants de Dieu.

D. Recevez

Seigneur Jésus, je te prie de me remplir de ton Saint-Esprit pour que je puisse vivre une vie surnaturelle libre de toute honte et de tout désespoir. Je reçois la plénitude de ton Esprit. Je veux vivre dans l'espoir, la force et l'autorité que j'ai reçus en tant qu'enfant du Roi des Rois. Je suis accepté et je suis un témoignage vivant de l'amour, de la grâce et de la gloire de Dieu!

III. Vivre libéré de la honte et du désespoir

Vivre libre en Christ dans la vérité, la pureté et la sainteté est possible uniquement si notre pensée est renouvelée par la parole de Dieu et par son Saint-Esprit. La dernière partie de ce manuel contient des versets bibliques qui parlent de l'amour de Dieu, de son pardon et de notre identité réelle en Christ. Utilisez la vérité de la parole de Dieu et votre autorité en Christ pour renoncer aux mensonges de l'ennemi et les repousser lorsqu'ils reviennent tourmenter vos pensées. Méditez sur les promesses de Dieu au sujet de son pardon parfait. Cela réduira au silence les mensonges qui vous accusent d'être souillé et vous réconfortera en vous rapelant votre vrai statut devant Dieu. Ne permettez pas à des anciens scénarios mentaux, ni aux paroles d'autrui, ni à des pensées rabaissantes ou culpabilisantes de définir qui vous êtes. Ces choses ne déterminent pas qui vous êtes !

Vous devrez aussi prendre quelques décisions. Cultiver un style de vie de pureté et de sainteté est un processus qui durera toute notre vie et cela n'inclut pas seulement nos comportements. Cela implique aussi ce que nous pensons, ce que nous regardons, ce que nous disons et ce que nous portons. Ces décisions ne doivent pas venir d'un cœur légaliste, mais d'un cœur renouvelé et rempli par le Saint-Esprit.

IV. Passages bibliques

Psaume 33.18 *Mais l'Eternel prend soin de ceux qui le révèrent, comptant sur son amour.*

Psaume 119.114 *Tu es mon refuge et mon bouclier, je fais confiance à ta parole.*

Esaïe 40.31 *L'homme le plus puissant sera comme l'étoupe, et ce qu'il a produit servira d'étincelle pour qu'il soit consumé avec ce qu'il a fait sans qu'il y ait personne pour éteindre les flammes.*

Joël 2.26 *Vous mangerez à satiété et vous louerez l'Eternel, votre Dieu, qui accomplit pour vous des choses merveilleuses, et jamais plus mon peuple ne connaîtra la honte.*

Romains 8.1 *Maintenant donc, il n'y a plus de condamnation pour ceux qui sont unis à Jésus-Christ.*

Romains 15.13 *Que Dieu, qui est l'auteur de l'espérance, vous comble de toute joie et de sa paix par votre confiance en lui. Ainsi votre coeur débordera d'espérance par la puissance du Saint-Esprit.*

Ephésiens 2.10 *Ce que nous sommes, nous le devons à Dieu ; car par notre union avec le Christ, Jésus, Dieu nous a créés pour une vie riche d'oeuvres bonnes qu'il a préparées à l'avance afin que nous les accomplissions.*

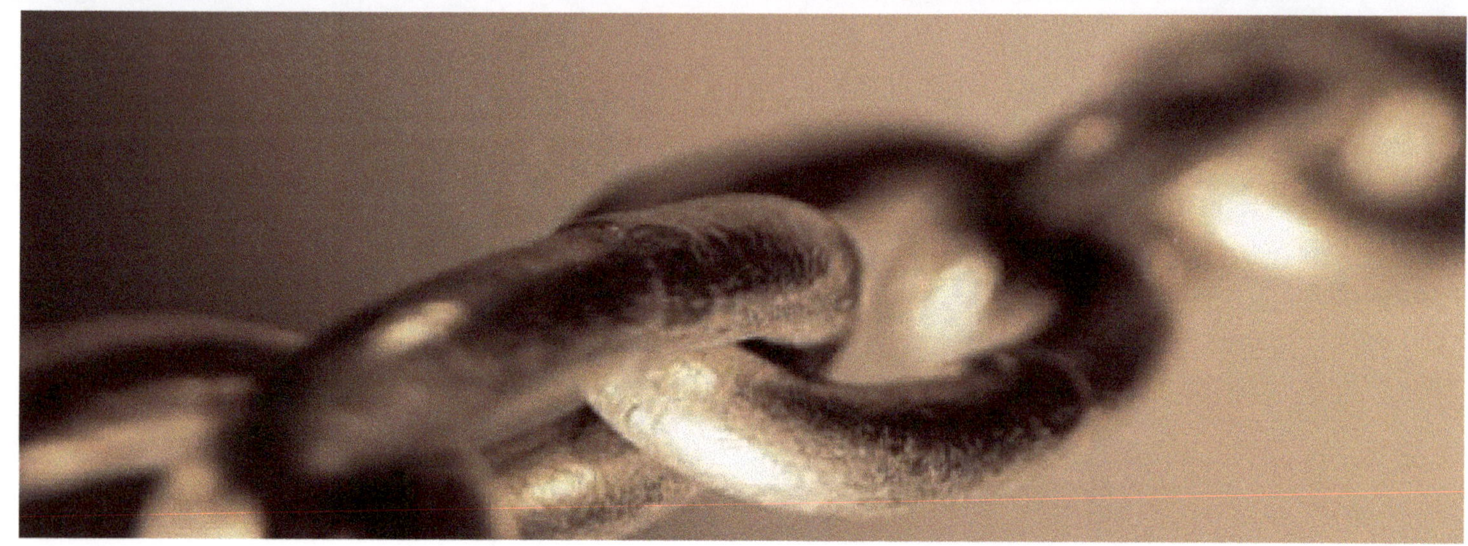

Descriptif de quelques forteresses spirituelles

1. Forteresses de la passivité

1a Apathie / passivité
- Attitude d'inaction, de résignation et d'inertie.
- Elle est la conséquence du rejet et de la rébellion et elle nous enferme dans la situation que l'ennemi souhaite pour la vie de chrétiens.
- Jésus dit que le royaume de Dieu doit être reçu avec détermination.

1b Victimisation / pitié de soi
- Une attitude trompeuse qui attire des spectateurs et des gens motivés par la compassion.
- Souvent, la personne qui prend l'attitude de la victime est réconfortée par les autres plutôt que d'être confrontée.
- Cette attitude crée un terrain propice à des offenses ou des attaques.

1c Rejet de soi / haine de soi
- Cette attitude va encore plus loin que la pitié de soi.
- Elle ouvre la porte à des relations et des situations marquées par l'abus.
- Elle peut conduire à des dépendances, des perversions sexuelles et une dévaluation de sa propre vie et de ses relations.
- Fait croire aux gens que leur identité est liée à des aspects extérieurs (beauté, etc.)

1d Infériorité
- Croire que l'on a moins de valeur et moins d'importance que les autres.
- Sentiment de ne pas être au même niveau que les autres et d'être inadéquat.
- Souvent cette personne voit sa vie comme un échec.
- Le sentiment d'infériorité produit d'autres forteresses secondaires, telles que la jalousie, la pitié de soi et l'insignifiance.

1e Honte / Condamnation
- Se distingue de la honte positive qui agit comme système d'alarme qui nous empêche de transgresser les limites saines que Dieu a donné à nos vies.
- Il s'agit de se tourmenter constamment par des sentiments douloureux de culpabilité pour des actes injustes.
- Peut être la conséquence d'actes que la personne a elle-même commis, mais aussi d'abus qu'elle a subis.
- Souvent en lien avec un secret ou un non-dit.

1f Insécurité
- Est basée sur la peur de ne pas être accepté, ne pas être aimé et ne pas être reconnu.
- Implique que la manière dont le Seigneur nous a créés est insuffisante.
- Favorise des attitudes et comportements malsains vis-à-vis de soi-même et d'autres personnes.
- On doit revenir à la vision que Dieu a pour notre personne.

1g Désespoir

- Percevoir la vie comme étant sans chances d'avoir du succès, de surmonter des obstacles ou de trouver des solutions.
- Vivre dans un découragement constant.
- Être soumis à l'incrédulité et la passivité.

1h Dépression

- Conséquence d'un déficit d'amour.
- Peut être en lien avec une situation spécifique traumatisante ou un deuil.
- Peut être liée à la culpabilité due au péché.
- Plutôt que de se concentrer sur les symptômes, il faut identifier la source.

1i Suicide

- Est en lien avec les forteresses de la mort et de la destruction.
- Inclut autant des pensées que des actes suicidaires.

2. Forteresses de l'agressivité

« Je vais vous montrer ! »
(Remarque : les personnes rebelles ont souvent de la peine avec l'autorité et vivent des relations difficiles avec leurs responsables.)

2a Critique

- Un esprit critique conduit à voir les personnes et les situations avec une perspective négative. De telles personnes sont impatientes, susceptibles et intransigeantes envers les autres. Elles manquent de gentillesse, de compassion, de patience et de compréhension pour les autres.
- Cette forteresse met en évidence les faiblesses et particularités des autres avec une tendance à détruire plutôt qu'à édifier.
- Des amis, membres de la famille, collaborateurs, membres de l'église et d'autres personnes deviennent la cible de commentaires peu édifiants.

2b Amertume / rancune / non-pardon

- Cette forteresse spirituelle provoque une forte animosité, dureté et rigidité. Cette personne est fâchée et outragée d'avoir été blessée, abusée ou offensée.
- Le pardon implique de renoncer à tout désir et droit de vengeance, et de remettre la situation et les personnes concernées entre les mains de Dieu.

2c Hostilité / haine

- Malveillance contre quelqu'un, liée à des ressentiments profonds et une antipathie très forte.
- Cette forteresse est aussi en lien avec le non-pardon.

2d Supériorité / arrogance

- Expression agressive de l'infériorité.
- Recherche d'établir sa propre importance et de couvrir la douleur de se sentir inadéquat et inférieur.
- Souvent en lien avec la présomption et le mépris des autres.
- Souvent accompagné d'une attitude très compétitive.

2e Orgueil / présomption

- Estime de soi exagérée, opinion très flatteuse et irréaliste de soi-même.
- Être égoïste, égocentrique et toujours préoccupé de soi-même.
- Se croire plus important que les autres.
- Ne voir que ses propres intérêts.
- Se confier en soi-même, ses propres capacités, sa propre position plutôt qu'en Dieu.

2f Ambition

- Il existe une ambition saine, mais ce n'est pas le cas si elle est le fondement de l'estime de soi de la personne et de sa valeur.
- Cette forteresse est souvent la conséquence d'un amour fondé sur la performance, ce qui équivaut à un déficit d'amour. L'amour que la personne a expérimenté n'était pas de l'amour vrai pour la personne, mais plutôt une expression du désir de la voir accomplir ou atteindre plus.
- Le désir d'arriver « tout en haut » est une expression de l'ambition égoïste.

2g Contrôle / manipulation / domination

- Parce qu'elle a été blessée, cette personne prend une attitude agressive pour se protéger d'autres blessures en contrôlant ou manipulant des personnes ou des situations.
- Le contrôle, la manipulation et la domination sont des moyens de se couper de ses émotions (sauf de la colère, mais plusieurs considèrent que la colère n'est pas réellement une émotion).
- Le contrôle, la manipulation et la domination ont leur racine dans la peur.
- Cette personne doit toujours avoir raison et les choses doivent être faites à sa manière, de sorte qu'elle puisse les contrôler.
- Cette forteresse peut aussi s'exprimer par l'accumulation de connaissances. La personne trouve alors sa valeur et son identité dans ses connaissances qui lui permettent d'avoir toujours raison et de contrôler les autres.

2h Convoitise / jalousie

- On demande une loyauté totale.
- On désire fortement recevoir quelque chose et on n'arrive pas y renoncer.
- Manque de reconnaissance et même mépris de ce que Dieu a donné.
- Souvent lié à l'envie et la colère.
- Peut nourrir une attitude de rivalité et de concurrence.
- Empêche la personne de bénir les autres, de ressentir de l'affection pour eux et de les encourager.

2i Colère

- Remarque : la colère est une émotion secondaire, c'est-à-dire qu'elle est l'expression ou la réaction à une frustration ou à une blessure.
- Elle est souvent liée à la rancune, l'amertume, l'envie et l'animosité.
- Ces sentiments sont des réponses agressives à un déficit d'amour ou de vérité.
- La colère et des sentiments apparentés créent de l'agitation intérieure et affectent les relations.
- Va souvent de pair avec la rancune et le non-pardon.

2j Trahison / meurtre

- Abuser de la confiance, en divulguant un secret.
- Tromper quelqu'un de manière intentionnelle.
- Souvent le résultat d'un rejet ou d'une blessure, mais pas nécessairement de la part de la personne que l'on trahit ou que l'on trompe.
- Est parfois commis pour couvrir sa propre insécurité ou infériorité afin d'attirer l'attention des autres ou de gagner de l'influence.
- La semence de la trahison et du meurtre se trouve dans la rébellion, la colère, la rancune, la jalousie, la supériorité, le mécontentement et la rivalité.

3. Forteresses créées par certains péchés

Péchés sexuels

- Pornographie
- Adultère
- Homosexualité
- Relations hors mariage
- Viol
- Abus sexuel
- Avortement
- Inceste
- Perversions

Péchés occultes

- Dimension occulte du Nouvel Age
- Musique, films ou livres occultes
- Objets occultes
- Horoscopes
- Magie blanche et noire
- Vaudou
- Voyance
- Jeux occultes (ouija etc)
- Mediums
- Le secret
- Hypnotisme
- Certains jeux d'ordinateurs (« Dungeons & Dragons », « World of Warcraft » etc.)
- Tarot
- Astrologie
- Voyages astraux
- Malédictions
- Sorcellerie

Péchés religieux

- Idolâtrie
- Fausses religions
- Sectes
- Fixation sur des expériences religieuses
- Abus spirituel
- Orgueil religieux

Autres péchés pouvant créer des forteresses

- Incrédulité / doute
- Râlerie
- Avarice
- Mensonge
- Calomnie / commérages
- Vol
- Paresse
- Escroquerie
- Jurer

L'héritage du chrétien

Je suis une lumière dans ce monde et le monde ne peut pas la cacher. **Matthieu 5.14**

Je vis dans l'autorité du Christ qui m'a donné le pouvoir de surmonter toute la puissance de l'ennemi. **Luc 10.17-20**

Je suis attaché au vrai cep au travers duquel coulent la vie et la force de Christ. **Jean 15.1, 5**

Il n'y a plus aucune condamnation pour moi, j'ai été totalement pardonné et je suis justifié en Christ. **Romains 8.1**

Je suis cohéritier avec Christ, donc Christ partage son héritage avec moi. **Romains 8.17**

Je suis en sécurité dans l'amour de Christ pour moi. **Romains 8.35-39**

Je peux surmonter tout ce qui se dresse contre moi par Christ. **Romains 8.37-39**

Je suis un temple – Dieu habite en moi par son Esprit. **1 Corinthiens 3.16; 6.19**

Je suis en communion avec Dieu parce que je suis devenu un seul esprit avec lui. **1 Corinthiens 6.17**

Je suis un membre du corps de Christ. **1 Corinthiens 12.27; Ephésiens 5.30**

Je suis une nouvelle création en Christ et les choses anciennes sont passées. **2 Corinthiens 5.17**

Je suis réconcilié avec Dieu et j'ai le mandat d'appeler les autres à être réconciliés avec lui. **2 Corinthiens 5.18-19**

Je suis juste par la justice de Dieu. **2 Corinthiens 5.21**

Je suis en communion avec Christ et je suis un enfant de Dieu. **Galates 3.26, 28**

Je suis un enfant de Dieu; j'ai un Père céleste qui m'aime profondément et infiniment. **Galates 4.6**

Parce que je suis un enfant de Dieu, je suis aussi son héritier / son héritière. **Galates 4.6-7**

Je suis un saint. **Ephésiens 1.1; 1 Corinthiens 1.2; Philippiens 1.1; Colossiens 1.2**

J'ai été élevé dans les lieux célestes avec Christ et j'ai de l'autorité sur le royaume de l'ennemi. **Ephésiens 1.19-23; 2.5-6**

Je suis un ouvrage de Dieu et j'ai été créé pour accomplir de bonnes œuvres que Dieu a déjà préparées d'avance. **Ephésiens 2.10**

Je suis un concitoyen des saints, membre de la famille de Dieu. **Ephésiens 2.19**

Je suis dans la lumière et par Christ je démasque les oeuvres des ténèbres dans ma vie. **Ephésiens 5.8-14**

Je combats contre l'ennemi et je suis équipé de tout ce dont j'ai besoin pour triompher en Christ. **Ephésiens 6.10-20**

Je suis caché avec Christ en Dieu. Le diable doit passer par Christ s'il veut m'avoir. **Colossiens 3.3**

Christ est ma vie et sa vie se manifeste en moi. **Colossiens 3.4**

Dieu m'a choisi pour lui appartenir et il m'aime. **Colossiens 3.12; 1 Thessaloniciens 1.4**

Je suis saint, appelé à avoir part aux biens célestes. **Hébreux 3.1**

J'appartiens à Christ et j'ai part à sa vie. **Hébreux 3.14**

Je suis l'une des pierres vivantes qui sont édifiées pour former un temple spirituel en Christ. **1 Pierre 2.5**

Je fais partie d'une race élue, d'une communauté de rois-prêtres qui appartient à Dieu. **1 Pierre 2.9-10**

Je suis un étranger et voyageur sur cette terre. **1 Pierre 2.11**

Je suis un ennemi du diable. **1 Pierre 5.8**

Je suis un enfant de Dieu et je ressemblerai à Christ quand il reviendra. **1 Jean 3.1-2**

Je suis né de Dieu et le diable doit passer par Dieu s'il veut me toucher. **Jean 5.18**

L'amour et le pardon de Dieu

Célébrez l'Eternel car il est bon, car son amour dure à toujours. **1 Chroniques 16.34**

Ils sont nombreux les tourments qui attendent les méchants, mais les hommes qui ont mis leur confiance en l'Eternel sont comblés par son amour. **Psaume 32.10**

Ton amour atteint jusqu'aux cieux, ta fidélité jusqu'aux nues. **Psaume 57.11**

Car ton amour pour moi est grand, et tu m'as délivré du gouffre de la mort. **Psaume 86.13**

Eternel, ton amour est là depuis toujours et durera toujours pour ceux qui te révèrent. Ta loyauté demeure à l'égard des enfants de leurs enfants. **Psaume 103.17**

Louez tous l'Eternel ! Célébrez l'Eternel car il est bon, car son amour dure à toujours. **Psaume 106.1**

Célébrez l'Eternel, car il est bon, car son amour dure à toujours. (...) Qu'ils louent donc l'Eternel pour son amour, pour ses miracles en faveur des hommes ! (...) Quiconque est sage en observant ces choses reconnaîtra l'amour de l'Eternel. **Psaume 107.1, 8, 43**

Louez l'Eternel, toutes les nations ! Chantez ses louanges, ô vous, tous les peuples ! Car il est immense, son amour pour nous. Sa fidélité subsiste à jamais. Louez l'Eternel ! **Psaume 117.1-2**

L'Eternel est plein de grâce et de compassion, lent à la colère et riche en amour. **Psaume 145.8**

Ma profonde affliction s'est transformée en paix car toi, dans ton amour, tu m'as arraché à la tombe et tu as rejeté toutes mes fautes derrière toi. **Esaïe 38.17**

Dès les temps reculés, l'Eternel lui est apparu et lui a dit : D'un amour éternel, je t'aime, c'est pourquoi je t'attire par l'affection que je te porte. **Jérémie 31.3**

Déchirez votre coeur, et non vos vêtements, et revenez à l'Eternel, lui qui est votre Dieu. Car il est plein de grâce, il est compatissant et lent à la colère, il est riche en amour et il renonce volontiers au malheur dont il avait menacé. **Joël 2.13**

Car l'Eternel ton Dieu est au milieu de toi un guerrier qui te sauve. Il sera transporté de joie à ton sujet et il te renouvellera dans son amour pour toi. Oui, à cause de toi, il poussera des cris de joie, et il exultera. **Sophonie 3.17**

Oui, Dieu a tant aimé le monde qu'il a donné son Fils, son unique, pour que tous ceux qui placent leur confiance en lui échappent à la perdition et qu'ils aient la vie éternelle. **Jean 3.16**

Oui, j'en ai l'absolue certitude : ni la mort ni la vie, ni les anges ni les dominations, ni le présent ni l'avenir, ni les puissances, ni ce qui est en haut ni ce qui est en bas, ni aucune autre créature, rien ne pourra nous arracher à l'amour que Dieu nous a témoigné en Jésus-Christ notre Seigneur. **Romains 8.38-39**

Mais Dieu est riche en bonté. Aussi, à cause du grand amour dont il nous a aimés, alors que nous étions spirituellement morts à cause de nos fautes, il nous a fait revivre les uns et les autres avec le Christ. C'est par la grâce que vous êtes sauvés. **Ephésiens 2.4-5**

Voyez combien le Père nous a aimés pour que nous puissions être appelés enfants de Dieu et nous le sommes ! Voici pourquoi le monde ne reconnaît pas qui nous sommes : c'est qu'il n'a pas connu le Christ. **1 Jean 3.1**

Oui, ils ont refusé d'obéir, oubliant les oeuvres extraordinaires que tu avais accomplies pour eux. Ils se sont rebellés et, dans leur révolte, ils ont voulu se donner un chef pour retourner à leur esclavage. Mais toi, tu es un Dieu qui pardonne, un Dieu compatissant et qui fait grâce, tu es lent à te mettre en colère et d'une immense bonté : tu ne les as pas abandonnés. **Néhémie 9.17**

Que tout mon être loue l'Eternel ! Que tout ce que je suis loue le Dieu saint ! Que tout mon être loue l'Eternel, sans oublier aucun de ses bienfaits. Car c'est lui qui pardonne tous tes péchés, c'est lui qui te guérit de toute maladie, qui t'arrache à la tombe. C'est lui qui te couronne de tendresse et d'amour, et qui te comble de bonheur tout au long de ton existence **Psaume 103.1-5**

L'Eternel est plein de pitié et miséricordieux. Il est plein de patience et débordant d'amour [...] Il ne nous traite pas selon le mal que nous avons commis, il ne nous punit pas comme le méritent nos fautes. Autant le ciel est élevé au-dessus de la terre, autant l'amour de Dieu dépasse tous ceux qui le révèrent. [...] Il sait de quelle pâte nous sommes façonnés, il se rappelle bien que nous sommes poussière. **Psaume 103.8, 10, 11, 14**

Car les bontés de l'Eternel ne sont pas à leur terme et ses tendresses ne sont pas épuisées. **Lamentations 3.22-23**

Marcher dans l'esprit opposé

Au lieu de la colère :

Je ne permets pas à la colère de me contrôler, je réfléchis sur mon lit et je me tais. **Psaume 4.5**

Je ne permettrai pas que le soleil se couche sur ma colère. **Ephésiens 4.26**

Quand je suis en difficulté, je reste patient et je prie. **Romains 12.12**

Je veille à ne pas rendre le mal pour le mal mais, en toute occasion, je recherche le bien pour tous. **1 Thessaloniciens 5.15**

Je montre de l'amour envers tous, car l'amour couvre une multitude de péchés. **1 Pierre 4.8**

C'est l'amour de Christ qui me motive. **2 Corinthiens 5.14**

Au lieu du contrôle :

Je mets ma confiance en l'Eternel de tout mon coeur et je ne me repose pas sur ma propre intelligence. **Proverbes 3.5**

Je ne contrôle pas les autres, mais je les considère comme plus importants que moi-même. **Philippiens 2.3**

Je suis aimable, courtois et conciliant envers tous. **Tite 3.2**

Je me revêts de bonté, de bienveillance, d'humilité, de douceur, de patience. **Colossiens 3.12**

Je respecte les autres et je sais me soumettre à eux. **1 Pierre 2.13-14**

Je sers les autres. **Luc 14.11**

L'Eternel est mon berger, je ne manquerai de rien. **Psaume 23.1**

Au lieu de la concurrence :

Je suis un serviteur de Christ. **Marc 10.43**

Par humilité, je considère les autres comme plus importants que moi-même. **Philippiens 2.3**

Au lieu de considérer seulement mes intérêts, je considère aussi ceux des autres. **Philippiens 2.4**

Je sers les autres. **Matthieu 23.11**

Je fais du bien à tous. **Galates 6.10**

J'encourage mes frères et soeurs en Christ parce que je les aime. **1 Thessaloniciens 5.14**

Au lieu de la critique :

Je parle d'une manière qui fait du bien aux autres. **Job 16.4-5**

Par amour, je pardonne les torts que j'ai subis. **Proverbes 17.9**

Je ne juge pas les autres et je ne les condamne pas, mais au contraire je leur pardonne. **Matthieu 7,1-2; Luc 6.37**

Je porte les faiblesses des autres sans chercher ma propre satisfaction. **Romains 15.1**

Je ne me compare pas aux autres, mais je porte leurs fardeaux. **Galates 6.2**

Je supporte les autres et, si j'ai quelque chose à reprocher à quelqu'un, je lui pardonne. **Colossiens 3.13-14**

Je suis miséricordieux et je parle et j'agis sans juger les autres. **Jacques 2.12-13**

Je ne parle pas en mal de mon prochain et je ne le juge pas. **Jacques 4.11-12**

Au lieu de la peur et de la crainte :

Je ne crains pas la sécheresse, car je me confie en Dieu. **Jérémie 17.7-8**

Je me confie en l'Eternel, et il me protège. Ainsi j'échappe au piège de la crainte des hommes. **Proverbes 29.25**

Je n'ai pas reçu un esprit de crainte, mais de force, d'amour et de sagesse. **2 Timothée 1.7**

Je ne crains pas d'être puni, car l'amour parfait bannit la crainte. **1 Jean 4.18**

Mon coeur n'a aucune crainte, je suis plein de confiance, car l'Eternel est le soutien de ma vie. **Psaume 27.1-3**

Je me couche sans crainte, car mon sommeil sera doux. **Proverbes 3.24**

Je ne crains pas les mauvaises nouvelles, car mon coeur est ferme, confiant en l'Eternel. **Psaume 112.7**

Je ne crains aucun mal, car tu es avec moi. **Psaume 23.4**

Je ne crains personne sauf Dieu. **Esaïe 8.13**

Je ne crains pas la mort, car il me délivre. **Hébreux 2.14-15**

Au lieu des sentiments de désespoir:

Tu es mon asile et mon bouclier ; j'espère en ta promesse. **Psaume 119.114**

Le regard de l'Eternel est sur moi, car je le crains et j'espère en sa bonté. **Psaume 33.18**

L'Eternel prend plaisir en moi parce que je le révère et que je compte sur son amour. **Psaume 147.11**

Je me confie en l'Eternel ; je renouvellerai ma force. Je prendrai mon vol comme un aigle ; je courrai sans me lasser, et je marcherai sans me fatiguer. **Esaïe 40.31**

Je compte sur Dieu, et je ne serai pas déçu. **Esaïe 49.23**

Mon espérance ne me trompe pas, car l'amour de Dieu est répandu dans mon coeur par le Saint-Esprit. **Romains 5.5**

Dieu, l'auteur de l'espérance, me remplit de joie et de paix pour que mon cœur déborde d'espérance par la puissance du Saint-Esprit. **Romains 15.13**

Parce que j'ai une telle espérance, je suis rempli d'assurance. **2 Corinthiens 3.12**

Au lieu de l'infériorité :

Je ne convoiterai pas ce qui appartient aux autres. **Exode 20.17**

Dieu m'a créé pour une vie riche d'oeuvres bonnes qu'il a préparées à l'avance afin que je les accomplisse. **Ephésiens 2.10**

Je prends courage, je n'ai aucune crainte, mon Dieu va venir pour la rétribution. Il viendra lui-même et me sauvera. **Esaïe 35.4**

Je suis sel de la terre et lumière du monde. **Matthieu 5.13-14**

Je suis un témoin du Christ par la puissance du Saint-Esprit. **Actes 1.8**

Je suis un ouvrage de Dieu. **Ephésiens 2.10**

Dieu m'accorde sa faveur ; il est avec moi. **Luc 1.28**

Je suis un vaillant héros, car Dieu est avec moi. **Juges 6.12**

Je sais que Dieu m'aime inconditionnellement. **1 Jean 3.1**

Je n'ai pas reçu un esprit de crainte, mais de force, d'amour et de sagesse. **2 Timothée 1.7**

Au lieu de l'insécurité :

Je suis en sécurité parce que rien ne peut me séparer de l'amour de Christ. **Romains 8.38**

Par mon union avec Christ, je suis pleinement comblé. **Colossiens 2.10**

J'ai été choisi par Jésus et établi pour porter du fruit. **Jean 15.16**

Etant uni à lui, par la foi en lui, j'ai la liberté de m'approcher de Dieu avec assurance. **Ephésiens 3.12**

Le Royaume de Dieu est en moi. **Luc 17.20-21**

L'Eternel aplanira mes sentiers, car je me confie en lui de tout mon coeur. **Proverbes 3.5-6**

Je suis une créature merveilleuse. **Psaume 139.14**

Je suis libre de toute condamnation. **Romains 8.1-2**

Dieu m'a créé pour une vie riche d'oeuvres bonnes qu'il a préparées à l'avance afin que je les accomplisse. **Ephésiens 2.10**

Au lieu de la jalousie et de l'envie :

Par mon union avec Christ, je suis pleinement comblé. **Colossiens 2.10**

Je sais que toutes choses concourent à mon bien. **Romains 8.28**

J'ai été choisi par Jésus et établi pour porter du fruit. **Jean 15.16**

Je suis un temple de Dieu et l'Esprit de Dieu habite en moi. **1 Corinthiens 3.16**

Dieu m'a créé pour une vie riche d'oeuvres bonnes qu'il a préparées à l'avance afin que je les accomplisse. **Ephesiens 2.10**

L'Eternel est mon berger : je ne manquerai de rien. **Psaume 23.1**

Tu dresses devant moi une table en face de mes adversaires ; tu oins d'huile ma tête et ma coupe déborde. Oui, le bonheur et la grâce m'accompagneront tous les jours de ma vie, et j'habiterai dans la maison de l'Eternel jusqu'à la fin de mes jours. **Psaume 23.5-6**

Au lieu de la passivité :

C'est à l'Eternel mon Dieu que je vais rendre un culte, c'est lui que je veux révérer ; j'obéirai à ses commandements,
je l'écouterai, c'est à lui seul que je rendrai un culte, et c'est à lui seul que je m'attacherai. **Deutéronome 13.5**
Je ne suis pas paresseux, mais actif. **Proverbes 10.4**
Je veux travailler avec zèle, par amour pour Dieu, et rendre service à ceux qui lui appartiennent. **Hébreux 6.10-11**
J'ai été choisi par Jésus et établi pour porter du fruit. **Jean 15.16**
Je suis collaborateur avec Dieu. **2 Corinthiens 6.1**
Je peux tout, grâce à celui qui me fortifie. **Philippiens 4.13**
Je n'ai pas reçu un esprit de crainte, mais de force, d'amour et de sagesse. **2 Timothée 1.7**
Je ne me relâcherai pas, mais j'imiterai ceux qui, par leur foi et leur attente patiente, reçoivent l'héritage promis. **Hébreux 6.11-12**

Au lieu de l'orgueil et de la supériorité :

Je hais l'arrogance et l'orgueil. **Proverbes 8.13**
Je suis sage et j'écoute les conseils, car je sais que l'orgueil produit des querelles. **Proverbes 13.10**
Je sers les autres. **Marc 10.43**
Je ne veux pas me vanter, mon approbation vient du Seigneur. **2 Corinthiens 10.17**
Je veux m'humilier sous la puissante main de Dieu afin qu'il m'élève au temps convenable. **1 Pierre 5.6**
Par humilité, je veux regarder les autres comme étant au-dessus de moi-même. **Philippiens 2.3**
Je ne vis pas pour faire une bonne impression aux autres. **Philippiens 2.3**
Au lieu de considérer mes propres intérêts, je veux aussi considérer ceux des autres. **Philippiens 2.4**
Je veux me revêtir de compassion, de bonté, d'humilité, de douceur et de patience. **Colossiens 3.12**
Je suis aimable, courtois et conciliant envers tous. **Tite 3.2**

Au lieu de la rébellion :

J'exprime mon amour pour Jésus en gardant ses commandements. **Jean 14.21**
Je ne veux prendre aucune décision sans demander au Père. Je ne cherche pas ma volonté, mais la sienne. **Jean 5.30**
Je ne cherche pas ma volonté, mais celle du Père. **Matthieu 26.39**
Je me soumets aux autorités que Dieu a instituées. **Romains 13.1-2**
Je crois qu'il est important de respecter mes responsables spirituels. **Hébreux 13.7**
Je respecte les autres et je sais me soumettre à eux. **1 Pierre 2.13-14**
Je cherche à honorer tout le monde. **1 Pierre 2.17**

Au lieu du rejet :

Je sais que Dieu m'aime inconditionnellement. **1 Jean 3.1**
Je pardonne à tous ceux qui m'ont blessé ou qui m'ont rejeté et je les bénis. **Matthieu 6.12; Ephésiens 3.31-32**
L'amour bannit la crainte, donc je ne veux pas craindre d'être rejeté par les autres, mais plutôt leur exprimer mon amour. **1 Jean 4.18**
Je suis en sécurité, car rien ne peut me séparer de l'amour de Dieu. **Romains 8.38**
J'ai confiance en la bonté de l'Eternel, j'ai la joie dans mon cœur parce qu'il m'aide. **Psaume 13.6**
Je ne suis pas abandonné, Dieu me protège. **Psaume 27.1, 10**
Dieu m'a choisi, il ne m'a pas rejeté. **Esaïe 41.9**
Je ne crains rien, car Dieu est avec moi. Il me fortifie et me soutient. **Esaïe 41.10**
Je sais que je fais la joie de mon Dieu. **Sophonie 3.17**

Au lieu de la honte :

Je n'ai pas besoin d'avoir honte, car j'espère en Dieu. **Psaume 25.3**

Si je m'humilie, je prie et je cherche Dieu, il m'exaucera, il pardonnera mon péché, et il me guérira. **2 Chroniques 7.14**

Quand je tourne mes regards vers l'Eternel, je suis rayonnant de joie et mon visage ne se couvre pas de honte. **Psaume 34.6**

J'ai reçu un cœur nouveau et un esprit nouveau. **Ezéchiel 36.26**

Je suis en Jésus-Christ et il n'y a plus aucune condamnation pour moi ! **Romains 8.1**

Je n'ai plus besoin d'avoir honte car Dieu a fait des choses merveilleuses pour moi. **Joël 2.26**

Je suis un ouvrage de Dieu et j'ai été créé pour accomplir de bonnes œuvres que Dieu a déjà préparées d'avance. **Ephésiens 2.10**

J'ai été racheté et mes péchés sont pardonnés ! **Colossiens 1.14**

Au lieu de l'incrédulité :

Je crois que Dieu existe et qu'il récompense ceux qui le cherchent. **Hébreux 11.6**

Je suis sûr de ce que j'espère et je suis certain de ce que je ne vois pas encore. **Hébreux 11.1**

Je demande par la foi, sans douter, car celui qui doute est comme une vague de la mer, agitée par le vent. **Jacques 1.6**

Je prends le bouclier de la foi avec lequel je peux éteindre toutes les flèches enflammées du malin. **Ephésiens 6.13, 16**

Je marche par la foi et non par la vue. **2 Corinthiens 5.7**

Ma foi ne repose pas sur la sagesse humaine, mais sur la puissance de Dieu. **1 Corinthiens 2.4-5**

Je crois en Jésus et je ferai les œuvres qu'il a faites, j'en ferai même de plus grandes. **Jean 14.12**

Quand le fils de l'homme viendra, il me trouvera parmi ceux qui ont la foi. **Luc 18.8**

Je recevrai tout ce que je demanderai avec foi par la prière. **Matthieu 21.22**

Seigneur, je ne suis pas digne, mais dis seulement un mot, et je serai guéri / telle personne sera guérie. **Matthieu 8.8**

Au lieu de la rancune :

Je veux pardonner aux autres comme Dieu m'a pardonné en Christ. **Ephésiens 4.32**

Il pardonne toutes mes iniquités et il guérit toutes mes maladies. **Psaume 103.3**

Il nous pardonne nos offenses, comme nous pardonnons à ceux qui nous ont offensés. **Matthieu 6.12**

Je veux pardonner aux autres, en étant conscient que c'est une condition pour recevoir le pardon de mon Père céleste. **Marc 11.25-26**

Je pardonne à tous ceux qui me font du mal. **Matthieu 18.22**

Je veux dire : « Père, pardonne-leur, car ils ne savent pas ce qu'ils font. » **Luc 23.34**

Si j'ai un sujet de me plaindre de quelqu'un, je décide de lui pardonner. **Colossiens 3.13**

Je veux avoir pitié des autres, ainsi Dieu aura aussi pitié de moi et ne me jugera pas. **Jacques 2.13**

Je confesse mes péchés, et il est fidèle et juste. Il me pardonne mes péchés et me purifie. **1 Jean 1.9**

Au lieu de la pitié de soi et de la victimisation :

Je suis en sécurité parce que rien ne peut me séparer de l'amour de Christ. **Romains 8.38**

L'Eternel prend plaisir en moi parce que je compte sur son amour. **Psaume 147.11**

Je sais que je fais la joie de mon Dieu. **Sophonie 3.17**

Je veux pardonner aux autres comme Dieu m'a pardonné en Christ. **Ephésiens 4.32**

Je veux révérer l'Eternel, je veux le servir, lui obéir et ne pas me révolter contre ses paroles. **1 Samuel 12.14**

L'amour bannit la crainte, donc je ne veux pas craindre d'être rejeté par les autres, mais plutôt leur exprimer mon amour. **1 Jean 4.18**

Je veux compter sur l'amour de Dieu pour moi. Il prend soin de tous ceux qui le révèrent. **Psaume 33.18**

Je ne veux rien faire par esprit de rivalité ou par un désir de me mettre en avant ; au contraire, par humilité, je veux considérer les autres comme plus importants que moi-même. **Philippiens 2.3**

Je veux, au lieu de considérer mes propres intérêts, aussi considérer ceux des autres. **Philippiens 2.4**

Je suis très privilégié, car Dieu est avec moi. **Luc 1.28**

Notes

www.ingramcontent.com/pod-product-compliance
Lightning Source LLC
Chambersburg PA
CBHW040147110726
48005CB00018B/2678